Die Welt in deiner Hand

T0175280

EBOOK INSIDE

Die Zugangsinformationen zum eBook Inside finden Sie
am Ende des Buchs.

Ernst Peter Fischer

Die Welt
in deiner Hand

Zwei Geschichten der Menschheit in einem Objekt

 Springer

Ernst Peter Fischer
Heidelberg, Baden-Württemberg
Deutschland

ISBN 978-3-662-60725-1   ISBN 978-3-662-60726-8   (eBook)
https://doi.org/10.1007/978-3-662-60726-8

Die Deutsche Nationalbibliothek verzeichnet diese Publikation in der Deutschen Nationalbibliografie; detaillierte bibliografische Daten sind im Internet über http://dnb.d-nb.de abrufbar.

Einbandabbildung: deblik Berlin unter Verwendung eines Motivs von
© Syda Productions/stock.adobe.com

Planung/Lektorat: Stephanie Preuss
Springer ist ein Imprint der eingetragenen Gesellschaft Springer-Verlag GmbH, DE und ist ein Teil von Springer Nature.
Die Anschrift der Gesellschaft ist: Heidelberger Platz 3, 14197 Berlin, Germany

Ein Prolog: Der neue Mensch ist da, der Mensch mit dem Handy

Es kommt nicht darauf an, die Welt zu interpretieren, es kommt darauf an, sie zu verändern, wie ein berühmter Grundsatz von Karl Marx lautet, der sicher die Menschen als Teil der Welt mit einschließen wollte. Schillernde Figuren wie Steve Jobs haben diesen Gedanken ihr Leben lang ernst genommen, wie einer autorisierten Biografie wiederholt zu entnehmen ist, und er hat sie zuletzt als Apple-Boss höchst erfolgreich umgesetzt, wie jeder weiß, der ein iPhone oder ein iPad nutzt und nicht mehr weiß oder sich erinnern kann, wie er jemals ohne dieses Wunder in seiner Hand ausgekommen ist. Wie sehr Jobs von dem Gedanken besessen war, etwas im großen Stil zu ändern, und wie fest er an die Möglichkeit dazu glaubte, ist in der Geschichte seines Lebens zu erfahren, die davon berichtet, wie Steve Jobs einen künftigen Mitarbeiter von Apple im Einstellungsgespräch mit der provozierenden Frage anlockte, „Willst du den Rest deines Lebens

Zuckerwasser verkaufen, oder willst du eine Chance bekommen, die Welt zu verändern?"[1]

Die von Jobs in solchen Fällen Angesprochenen haben meist die gut bezahlte und von Marx befürwortete Alternative gewählt und in der Folge den Menschen auf diesem Planeten die Welt in Form eines Handys in die Hände gegeben und damit beides erneuert und verwandelt, die Welt und die Menschen – wobei dem Autor dieser Zeilen natürlich klar ist, dass es in der Andromeda-Galaxie und noch ferneren Bereichen des Kosmos niemanden gibt, der zur Kenntnis nimmt oder darauf achtet, was hier auf Erden passiert, also in der von Menschen bewohnten und ihnen erkundeten Welt, die allein in diesen Zeilen gemeint sein kann.

Im iPhone fließen die beiden großen Erzählungen der Spezies *Homo sapiens* zusammen, die man als Evolution (vor allem der Hand und ihrer Anpassung an die Welt) und als Technikgeschichte (vor allem der Medien und ihrer Maschinen) kennt, um in der Verbindung letztlich auf emergente und enthüllende Weise ein Anderes hervorzubringen. Mit dem Handy wird nämlich in Umrissen der neue Mensch erkennbar, von dem Dichter und Denker zu allen Zeiten geträumt haben und der nach vielen Ansätzen im 19. Jahrhundert zu einer Obsession des 20. geworden ist, wie sich selbst in Texten der 1968er-Bewegung nachlesen lässt.[2] Für die von der Revolution träumenden Aktivisten der damaligen Zeit konnte der neue Mensch jederzeit hinter der nächsten Ecke aufkreuzen. Und in den heutigen Tagen kann niemand mehr den auffällig durch die Straßen spazierenden und zur alltäglichen Wirklichkeit gewordenen neuen Menschen übersehen, der längst mit

---

[1]Walter Isaacsen, *Steve Jobs*, München 2012, S. 185.

[2]Siehe dazu zum Beispiel Gottfried Küenzlen, *Der neue Mensch – Ein Kapitel der säkularen Religionsgeschichte*, Evangelische Zentralstelle für Weltanschauungsfragen, Information Nr. 85, Stuttgart VII/1982.

seinem iPhone verwachsen ist und sein Denken, Sprechen und Handeln dem Apparat anpasst und seiner Präsenz unterwirft, an dem er sich zudem festhält und mit dessen Hilfe er sich orientiert. Jeder kann aktuell zahlreiche Exemplare des neuen Menschen beobachten, die zum Beispiel erst handyversunken an Bahnhöfen warten und dann im Zug auf das iPhone fixiert ihre Daumen kreisen lassen und selbst dann nicht aufschauen, wenn sie angesprochen werden. Falls sie doch reagieren und die Frage gestatten, was sie in der Zeit vor dem iPhone gemacht haben und ohne dieses Wunder in ihrer Hand gemacht hätten, können sie kaum eine zusammenhängende Erinnerung nennen, wobei sie wahrscheinlich am liebsten reflexartig nachsehen würden, was man dazu googeln kann.

Man sieht die neuen Menschen handystarrend Flughafenhallen durchqueren und dabei mit ihren Fingern fest das iPhone umschließen, was sie auch praktizieren, wenn sie mit gesenktem Blick durch Einkaufspassagen flanieren oder sich in Läden – selbst in Buchhandlungen – umsehen und sich dabei ungeniert weniger mit einem Gesprächspartner und mehr mit ihrem Parlofon unterhalten, wie man das iPhone in dieser Funktion auch nennen könnte. Selbst dann, wenn sie in einem Restaurant Platz nehmen, schenken die neuen Menschen ihre Aufmerksamkeit weniger ihren Tischnachbarn oder beispielsweise dem Kellner, sondern mehr dem Gerät mit den bunt flimmernden Bildchen, von denen sie ihr Gesicht nicht wenden können und die sie unbedingt mit anderen am Tisch teilen wollen, die sich wiederum gerne darauf einlassen – um dann wahrscheinlich ihr eigenes iPhone mit der gleichen Absicht zu zücken. Und Reiseleiter erzählen von zahlreicher werdenden Kunden, die sich nur dann mit ihnen und anderen Bergfreunden auf eine Wanderung durchs Gebirge begeben, wenn der Handyempfang am Lagerfeuer garantiert ist und WLAN bis in den Schlafsack reicht.

Kafkas Gespenster

Mit anderen Worten, eine neue Kommunikationsform ist entstanden, die sich nicht mehr direkt von Mensch zu Mensch ereignet, sondern mit einem technischen Wunderding geführt und von dem abgerundeten Handschmeichler vermittelt wird, um den alle kreisen und mit dem alle zufrieden sind, weil es die eigene Leere füllt und die Langeweile vertreibt. Sie bemerken dabei kaum noch, was Franz Kafka vor einhundert Jahren Sorgen bereitete, dass nämlich der Telegraf, das Telefon und die Funktelegrafie – die Informationstechnologien seiner Zeit in den 1920er-Jahren – voller Gespenster stecken, die austrinken, was die Menschen den Medien anvertrauen.[3] Kafka meinte, dass die genannten apparativen Errungenschaften die Menschen nicht zusammenführen, sondern eher weiter voneinander entfernen, denn „die Geister werden nicht verhungern, aber wir werden zugrunde gehen", wie der Dichter seine Erfahrungen und Ahnungen zusammenfasste, die man heute leicht beobachten kann, wenn Handynutzer sich in einer Runde mit allem Möglichen beschäftigen und sich selbst den blödsinnigsten Katzenvideos zuwenden, nur nicht den anderen Menschen, die neben ihnen sitzen oder stehen. Sie verhungern auf jeden Fall eher als Kafkas Gespenster, auf die in diesen Tagen (spät im Sommer 2019) auch Edward Snowden, der im russischen Exil lebende ehemalige Mitarbeiter des amerikanischen Geheimdienstes CIA, in seinem Lebensbericht „Permanent Record" hinweist, wenn er seine Leser daran erinnert, dass längst in der Mitte all der sozialen Verbindungen, die man per iPhone im Internet stricken kann, kommerzielle Unternehmen sitzen, die mithören und ihre

---

[3]Vergleiche dazu Volker Hage, *Schriftstellerporträts,* Göttingen 2019, S. 57.

Angebote an die simsenden und chattenden Kunden nach dem ausrichten, was sie dabei erfahren. Und nach den Verkäufern kamen die Verräter in Form des amerikanischen Ausspähdienstes NSA, der nichts verkaufen, dafür aber viel verbieten will. Während die Geister noch freundlich erschienen, tragen die Geheimdienstgespenster ein böses Gesicht, das sie freilich verbergen wie hinter einer Burka. Sie stecken aber überall dazwischen, sie hören und lesen mit und ziehen sich rein, was die Menschen am Handy preisgeben, genau wie Kafka es geahnt hat.[4]

Trotz der frühen literarischen Warnung: Die Geschichte hat auf Kafkas Analyse und Sorge keine Rücksicht genommen und den Geistern und Gespenstern nach und nach mehr Platz und Trinkplätze eingeräumt, indem weiter neue Medien entwickelt wurden und mit deren Hilfe eine zunehmende Zahl von Hörigen am Handy hervorgebracht wurde, die man als den „neuen Menschen" bezeichnen kann, wenn sich auch bezweifeln lässt, ob seine Propheten ihn sich in dieser weltabgewandten Form mit ausgelagertem Gehirn bei gleichzeitiger Rückentwicklung des aufrechten Ganges durch den stets gekrümmten Nacken mit Blick nach unten so vorgestellt und erwartet haben. Dies stellt eine spannende und offene Frage dar, die viele Antworten erlaubt, wie hier nur angedeutet und anderswo zu erörtern sein wird. Unabhängig davon leben viele Menschen heute – ob sie wollen oder nicht, ob sie es bemerken oder nicht – entweder mit dem Handy in der Hand oder mit den steten Gedanken an das griffbereite Wunderwerk in ihrer Tasche anders als ohne die vielen Möglichkeiten, die ihnen ein Smartphone bietet, wie mobile Telefone mit Computerkapazität und Anbindung ans Internet seit den 1990er-Jahren genannt werden. In

---

[4] Edward Snowden, *Permanent Record*, London 2019, S. 5 und andere Passagen.

der Apple-Version des iPhones ist solch ein schlaues Gerät in kürzester Zeit Teil der Bedingung oder notwendige Beigabe der persönlichen Existenz in Zivilgesellschaften geworden, und – wenn hier eine Prognose erlaubt ist, dann wird die Menschheit vermutlich nicht ruhen, bis die Erweiterung ihres geliebten Werkzeugs oder Weltzeugs ganz tief in der humanen DNA angekommen ist und eine Version mit ihrem Körper genetisch verankert werden kann, sodass die technische Apparatur und der menschliche Leib miteinander verschmelzen. (Von Schnittstellen zwischen ihrem Gehirn und ihrem Laptop träumt zumindest der männliche Teil der Bevölkerung schon seit Langem, wie in Umfragen ermittelt werden konnte.) In diesem Fall wäre die physikalische (elektro-mechanische) Kultur zur biologischen (geistigen) Natur geworden, die Evolution hätte einen ungeheuren Schritt absolviert, nach dem sie mit Riesenschritten weiter ihren offenen Gang nach vorne fortsetzen kann, wobei das Ziel und Ende unabsehbar bleiben. Das heißt, mit der zunehmenden Geschwindigkeit des technischen Wandels wird trotz allen Wissens eher unklarer, was die Zukunft bringt. Ihre schwarze Wand rückt mit der zunehmenden Farbbrillanz der iPhone-Displays näher auf die Menschen zu, auch wenn die meisten sich darüber keine Gedanken machen.

Heideggers Zuhandenheit

Viele Zeitgenossen agieren längst so, als ob das Handy auf dieselbe Weise zu ihnen gehört wie ihre Finger, mit denen sie es streicheln. Durch diese vertrauliche Nähe wird den Menschen die Welt bequem zuhanden, wie der merkwürdige und vielfach ungeliebte Philosoph Martin Heidegger es genannt hätte, wenn ihm ein iPhone gezeigt worden wäre (auch wenn er es wahrscheinlich von sich gewiesen hätte).[5] Er sprach von „Zeug", wenn er Dinge meinte, mit denen sich Menschen im alltäglichen Umgang die Welt erschließen und mit deren Hilfe sie praktisches Wissen erlangen. Mit dem iPhone bekommen sie daneben auch Zugang zum (theoretischen) Bildungswissen, was aus dem Gerät ein Universal- oder Weltzeug macht, dessen Merkmal im Sinne von Heidegger als seine Zuhandenheit erfahren wird. Mag mit dem Handy den Menschen auch manches *abhanden*kommen – etwa der Blick für den Nachbarn oder die Schönheit der wahrnehmbaren Natur –, so wird die Welt seinen Nutzern mit seiner Hilfe *zuhanden* – wobei zu Heideggers Analyse auch die Einsicht gehört, dass die sich in der Zuhandenheit zeigende Vertrautheit mit einem Gegenstand dazu führt, dass sich der Benutzer selbst dabei vergisst.

Viele Zeitgenossen können sich ihre Hand nur noch im Schlaf ohne Handy vorstellen, und ihr Blick geht ins Leere, wenn das bunt leuchtende Ding in ihrem Wachzustand in der Tasche stecken bleibt, seinen Dienst versagt und der Schirm schwarz bleibt. Man ist dann plötzlich allein mit sich und weiß nicht mehr weiter, was man mit dieser Situation anfangen soll.

Es ist zu billig und hilft an dieser Stelle niemandem, über eine Sucht von Hirn und Hand zu klagen und somit etwas zu verteufeln, das durch Design gezielt für die menschliche Natur angelegt und in sie integriert werden konnte, weil es ihr entspricht und kommunikative Flügel verleiht. Künftige Generationen werden mit dem iPhone aufwachen, aufwachsen und die Welt um sie herum in ihrer Hand empfangen und dort erfassen. Der neue

---

[5]Vergleiche dazu Hans Ulrich Gumbrecht, *Weltgeist im Silicon Valley,* Zürich 2018, Kap. 3.

Mensch begreift etwas nicht mit, sondern in seiner Hand. Ihm bleibt aber die Möglichkeit, sich an eine Fähigkeit zu erinnern, die der alte Mensch vor ihm vielleicht noch kannte, nämlich sich zu wundern und zu staunen. Man kann mit dem Wunder in der eigenen Hand beginnen, was auf den folgenden Seiten versucht und angeboten wird.

Inhaltsverzeichnis

1

Zwei Vorsätze: Die Kuh und die Kybernetik

„Sollen sich alle schämen, die gedankenlos sich der Wunder der Wissenschaft und Technik bedienen und nicht mehr davon erfasst haben, als die Kuh von der Botanik der Pflanzen, die sie mit Wohlbehagen frisst."[1] So ließ sich Albert Einstein in seiner Rede zu der Funkausstellung in Berlin vernehmen, die er am 22. August 1930 eröffnete. Die damaligen Anfänge von Rundfunk und Radio – noch ohne Fernsehen – wurden von der Bevölkerung vielfach als „Wunder der Wissenschaft" wahrgenommen, das man magischen Geräten und unheimlichen Apparaten verdankte, was die meisten aber nicht daran hinderte, sich ihrer so gedankenlos zu bedienen, wie es Einstein beklagte und wie es trotz allem bis heute der Fall ist.[2] Zu schämen

---

[1]Zitiert bei Ernst Peter Fischer, *Einstein für die Westentasche*, München 2003, S. 10.

[2]Zu der Rezeption siehe Kathrin Fahlenbrach, *Medien, Geschichte und Wahrnehmung – Eine Einführung in die Mediengeschichte*, Wiesbaden 2019, S. 45 und andere.

© Springer-Verlag GmbH Deutschland, ein Teil von Springer Nature 2020
E. P. Fischer, *Die Welt in deiner Hand*,
https://doi.org/10.1007/978-3-662-60726-8_1

brauchte und braucht sich deshalb aber niemand, hat doch der sozialwissenschaftliche Klassiker Max Weber 1917 in seiner Rede über „Wissenschaft als Beruf" seinem sich gebildet dünkenden Publikum die Absolution erteilt und ihm ausdrücklich erklärt, dass die Menschen „nichts davon zu wissen" brauchen, wie etwa eine Straßenbahn fährt, ein Telefon funktioniert oder Stimmen aus einem Radioapparat kommen.[3] Weber stellte sich – bis heute unter dem merkwürdigen und anhaltenden Applaus seiner Kollegen und Biografen – gezielt der Philosophie der Aufklärung entgegen und verhinderte damit erfolgreich, dass seine Mitmenschen ihren eigenen Verstand benutzten und erfassten, was um sie herum mit den staunenswerten Wundern der Technik und dem Zauber der wohlgestalteten Geräte tatsächlich passierte. An der Oberfläche ging es um die Ausnutzung elektromagnetischer Wellen, mit denen sich sogar das Licht erklären ließ, wenn das Publikum ihnen nur etwas Aufmerksamkeit geschenkt und die Qualität der dazugehörigen Forschung nicht verschenkt hätte. Mit den Wundern der Wellen kehrten aber auch in der damit ausgelösten „Dämmerung des bürgerlichen Zeitalters"[4] die von Kafka angesprochenen Geister zurück, obwohl einige Denker meinten, die Gespenster mit ihrer technischen und praktischen Vernunft längst vertrieben zu haben. Nun fanden sie und ihre Mysterien auf einmal bequem Platz in den Maschinen, die dem Publikum wie Magie erschienen, was viele Menschen einstmals nicht nur amüsierte, sondern auch verwirrte (und die meisten heute seltsam unberührt lässt).

---

[3]Max Weber, *Schriften 1894–1922,* ausgewählt von Dirk Kaesler, Stuttgart 2002, S. 474–511, das Zitat auf S. 488.
[4]Lotte H. Eisner und Heinz Friedrich, *Film Rundfunk Fernsehen,* Fischer Lexikon Band 9, Frankfurt am Main 1958, S. 8.

Gut 100 Jahre nach Weber ist die Lage viel schlimmer und dramatischer geworden, da die Leute inzwischen den größten Teil der wachen Zeit ihres Lebens mit Apparaten verbringen – Fernsehgeräten mit Fernbedienungen, Autos mit Navigationssystemen, Laptops mit Wortverarbeitungsprogrammen, CD-Spielern mit Laserabtastung –, von denen sie nichts verstehen, ohne dass sie das wundert und zu stören scheint. Sie haben sich daran gewöhnt und außerdem ist es sehr bequem, „nichts davon zu wissen", aber diese sozialpsychologische Erlaubnis wird nicht unbemerkt an den Menschen vorübergehen, denn sie werden – wenigstens in ihrem Unbewussten – wissen und daran erinnert, dass sie nichts wissen, aber nicht auf die Sokratische, sondern auf die faule und träge Art, und dieses Wissen kann langfristig nur depressiv machen.

Wie dem auch sei: Die technische Unkenntnis und das Dasein des Menschen als Kuh ist von höchster Stelle sanktioniert, und wer seine Dummheit heutzutage selbstbewusst zu Markte trägt und voller Stolz unwissend daherstolziert, befindet sich sogar in guter Gesellschaft, nämlich der von Führungseliten hierzulande. Als gebildet gilt in deutschen Breiten nicht, wer sich über Elektronen und Elektrizität unterhalten und einen Atomkern von einem Kirschkern unterscheiden kann und auch noch weiß, dass weder Ministerien noch Parteien über DNA verfügen. Als gebildet gilt vielmehr, wer bei solchen Themen die Nase rümpft und damit zufrieden ist, wenn der Strom aus der Steckdose kommt, damit die Fernbedienung den TV-Sender auswählen oder der Laser in seinem CD-Player dafür sorgen kann, die digital gespeicherte Musik von Mozart kabellos aus Bluetooth-Boxen erklingen zu lassen. Man nimmt das hin, wundert sich kein bisschen mehr und ärgert sich höchstens, wenn die Übertragung eines Sportereignisses aus Malaysia durch Bilderrauschen gestört wird oder die Wiederholung eines Tores in Zeitlupe ausfällt.

Etwas ist höchst faul im Land der Dichter und Denker, in dem man tagtäglich mit Händen greifen kann, wie die Hilflosigkeit gegenüber den intelligenter werdenden Maschinen zunimmt, in deren Abhängigkeit mehr und mehr Menschen geraten. Es ist zu befürchten, dass sie dabei entweder abgestumpft oder apathisch werden, und jeder Blick in die angeblichen Bildungsprogramme des Deutschen Fernsehens – erst recht die des Zweiten, in dem die Moderatoren sich ein Auge zu halten, um besser sehen zu können – zeigt, dass diese Befürchtung immer besser begründet ist und die Seelenpein der wissbegierigen Menschen nur verschlimmern kann. Das Beste an den Handys mit ihren vielen Funktionen könnte sein, dass in Zukunft immer weniger Menschen vor den Fernsehapparaten mit ihren meist beschränkten Programmangeboten verbringen und ihr eigenes Schauen auf dem iPhone organisieren – worin allerdings erst recht die Gefahr steckt, dass Menschen nur noch wissen müssen, auf welche Knöpfe sie zu drücken haben, um sich zu amüsieren, und dabei wieder zu den Analphabeten werden, die sie einstmals waren. Allerdings – auch hier werden sie überraschenderweise soziologisch gedeckt und geschützt, sah Max Horkheimer doch in diesen analphabetischen Knopfdrückern die neue Elite heraufziehen, wobei es dem Dialektiker der Aufklärung selbstverständlich erschien, dass sich das Verhältnis von Mensch und Maschine umkehren wird und sich die Gedanken dem Medium anpassen.[5] Das erleichtert schließlich den Zugang zu der Welt, die als iPhone in des Menschen Hand gelegt worden ist.

Wer diese sozialwissenschaftlich sanktionierte Perversion verhindern oder abwenden möchte, könnte mit dem Versuch beginnen und sich darum bemühen, den

---

[5] Zitiert nach Michael Hagner, *Die Lust am Buch,* Berlin 2019, S. 70.

Menschen zu helfen, wieder das Wundern und Staunen zu lernen. Es gilt, der Gesellschaft und ihren soziologischen, verblendeten Theoretikern begreiflich und einsichtig zu machen, dass ihre geliebte These von einer „Entzauberung der Welt" eine grobe Verkennung der tatsächlichen Gegebenheiten und eine gedankenlose Verdrehung von historischen Entwicklungen darstellt, selbst wenn sie von ihrem Helden Max Weber stammt. Seine unstimmige und unsinnige Weltbemeisterung sollte nicht endlos im Feuilleton oder in geisteswissenschaftlichen Seminaren wiederholt, sondern von den dort verantwortlich Agierenden endlich energisch widerrufen und *ad acta* gelegt werden. Jede einigermaßen fortschrittliche Stufe der technischen Entwicklung ist schon lange nicht mehr von Magie zu unterscheiden, wie der Wissenschaftsautor Arthur C. Clarke bereits in den 1960er-Jahren festgestellt hat und was niemandem erläutert werden muss, der mit seinem Finger über sein Handy wischt und sich über Nachrichten von Familienmitgliedern freut, die sich gerade vom anderen Ende der Welt melden und ein Video am Strand aufgenommen haben, das sie nun durch den Äther schicken und auf dem ihre fröhlich klingenden Stimmen zu vernehmen sind.[6]

Als Steve Jobs auf der MacWorld 2007 das erste von inzwischen milliardenfach verbreiteten iPhones vorstellte, versprach er den Menschen – jedem Einzelnen – im Publikum mehrfach genau das, nämlich ihm „ein Wunder für seine Hand" herbeizuzaubern, und der Apple-Boss verwies stolz darauf, dass der Touchscreen – der auf Berührung durch Finger reagierende Bildschirm – wie Magie funktioniert – *„it works like magic"* –, wobei der smarte

---

[6]Arthur C. Clarke, *Profile der Zukunft: Über die Grenzen des Möglichen*, München 1984.

Zaubermeister auf der Bühne natürlich den Hinweis nicht vergaß, wie viel Forschungsarbeit und Entwicklungskosten für die Schaffung dieses Wunderwerks aufzuwenden waren (die sich in zahlreichen Patenten niederschlagen konnte). Solche Angaben aus dem Maschinenraum des Wunderwerks nehmen natürlich nichts von dem Zauber weg, den das iPhone wortwörtlich ausstrahlt. Das Ding entzaubert nichts, es verzaubert im Gegenteil die Menschen, auch wenn sie dies als Sozialphilosophen nicht zugeben dürfen und weiter unverdrossen an der „Entzauberung" ihres Übervaters festhalten, wobei es besser wäre, sie hätten den Mut, die Anführungszeichen einzusparen und Weber selbst als entzaubert zu verbuchen. Es würde der „Wissenschaft als Beruf" heute helfen, die der Sozialwissenschaftler 1917 analysieren wollte, nachdem das 19. Jahrhundert genau dadurch „Die Verwandlung der Welt" herbeigeführt hatte,[7] dass die Wissenschaft zum Beruf geworden war, etwa in den Unternehmen, die sich der Chemie und Pharmazie verschrieben hatten.

„Je dümmer, desto Handy"

Es soll hier um etwas anderes gehen, nämlich um die Möglichkeit, mit seinem iPhone das Staunen zu lernen und dabei den Status von Einsteins Kuh loszuwerden.[8] Es gibt am Handy eine Fülle von Gelegenheiten, etwas über Wissenschaft und Geschichte zu lernen und dabei die eigene Fähigkeit des neugierigen Wunderns wieder zu entdecken, auch wenn die meisten Nutzer es vorziehen

[7]Jürgen Osterhammel, *Die Verwandlung der Welt – Eine Geschichte des 19. Jahrhunderts,* München 2009.
[8]Mehr dazu in Ernst Peter Fischer, *Die Verzauberung der Welt,* München 2014.

scheinen, im dumpfen Status von Einsteins Kuh zu verharren, während sie auf das Ding glotzen, lässig mit ihm herum hantieren und wichtig tun. „Je blöder, desto Handy", möchte man bei manch einem Zeitgenossen ausrufen, was einerseits zu bedauern, andererseits aber auch zu verstehen ist, denn die Handys sind so gemacht, dass sie ohne jede Mühe und auf intuitive Weise zu bedienen sind und ihre Funktion erfüllen. Damit wurde sogar die große Idee des Fortschritts verknüpft, denn „eine Zivilisation schreitet durch die Zahl der wichtigen Operationen voran, die Menschen ausführen können, ohne darüber nachdenken zu müssen". So hat es Norbert Wiener, der Vater der Kybernetik, in seinem Buch *Mensch und Menschmaschine* von 1966 zutreffend festgestellt, in dem es ihm um die gesellschaftlichen Folgen der von ihm mitentworfenen neuen Wissenschaft ging, die sich der Nachrichtenübertragung im Lebewesen und in der Maschine widmete. Im Silicon Valley ließ Wieners Gedanke eine Generation später die Rede von Technologien aufkommen, „die verschwinden" sollen, indem sie mit dem Alltagsleben verwoben werden und nicht mehr von ihm zu unterscheiden sind. Aus dem Menschen mit seiner Maschine wird die Menschmaschine, wie sie heute in Form der Handyhalter überall zu besichtigen ist und wie man an sich selbst immer mehr erlebt. Man ist heute nichts mehr ohne Handy und kommt ohne seine Hilfe kaum noch um die nächste Ecke.

Die Kybernetik, deren Bezeichnung heute im Cyberspace fortlebt, war im Schatten des Zweiten Weltkriegs entstanden, um die zunehmend an Bedeutung gewinnende Nachrichtenübertragung und ihre kontrollierte Regulierung in der biologischen und technischen Sphäre zu erkunden. Kybernetiker vertraten die Ansicht, wie Norbert Wiener in den 1950er-Jahren geschrieben hat, dass eine Gesellschaft „durch das Studium der Nachrichten und der Kommunikationsmöglichkeiten verstanden werden kann",[9] und gemeint waren Nachrichten „von Mensch zu Maschine, von Maschine zu Mensch und von Maschine zu Maschine", wie es die Gegenwart mit dem unübersehbaren Twist erlebt, dass fast jeder mit seinem Smartphone kommuniziert und selbst bei einem gemeinsamen Abendessen kaum noch von Mensch zu Mensch gesprochen wird, was dem Kybernetiker Wiener noch so selbstverständlich schien, dass er diese vollständig persönliche Wechselwirkung gar nicht erst erwähnte. Allerdings – wenn das Handy Teil des Menschen und seine mit ihm verlängerte Hand zum unentbehrlichen Werkzeug des Geistes wird und ihm die Welt zuhanden macht, dann verschwinden auch die Unterscheidungen, die Wiener noch getroffen hat. Menschen und Maschinen treten sich in der Sphäre der Kommunikation gleichberechtigt gegenüber, was den überraschenden Hinweis erlaubt, dass dem unheimlichen Kafka der Gedanke von Geräten, die miteinander kommunizieren, nicht fremd war. Er hat sich sogar eigens einen „Parlographen" ausgedacht – heute würde man nüchterner von einem Anrufbeantworter sprechen – und sich vorgestellt, „dass in Berlin ein Parlograph zum Telephon geht und in Prag ein Grammophon, und diese zwei eine kleine Unterhaltung miteinander führen", was einem heutigen Leser wahrlich längst nicht mehr so kafkaesk anmutet, wie den Zeitgenossen des Dichters aus Prag vorgekommen sein muss.[10]

Wer den Namen Kafka hört, denkt zwar vor allem an düstere Alpträume und Ängste vor anonymen und übermächtigen Bürokratien, aber der Dichter konnte sich

---

[9]Norbert Wiener, *Mensch und Menschmaschine – Kybernetik und Gesellschaft*, Frankfurt am Main 1966.
[10]Zitiert bei Volker Hage, a. a. O., S. 60.

in seinem privaten Leben auch für das begeistern, was heute als Innovation bezeichnet und gepriesen wird. Mit einer solchen ist der neue Mensch in die moderne Welt gekommen, in der Kafka gegenwärtig als Dichter große Wertschätzung erfährt. Vielleicht stimmt es ja, was er gesagt hat, dass die Medien die Menschen letztlich mehr voneinander trennen und weniger miteinander verbinden, wie viele meinen. In ersten Büchern ist bereits die „Einsamkeit" und die damit gemeinte soziale Isolation als „unbekannte Krankheit" beschrieben worden, für die allerdings schon der Dichter Christian Morgenstern eine Therapie kannte. Als sein poetischer Held Palmström darunter leidet, keine Post zu bekommen – heute würde man sagen, dass ihn keine Nachrichten auf seinem iPhone erreichen und er ohne E-Mails bleibt –, bestellt er einfach „ein Quartal ́Gemischte Post ́", die ihm das „Warenhaus für Kleines Glück" liefert, das W. K. G. „Und nun kommt von früh bis spät/Post von aller Art und Qualität./Jedermann teilt sich ihm mit,/denkt an ihn auf Schritt und Tritt./Palmström sieht sich in die Welt/plötzlich überall hineingestellt", wie Morgenstern in seinem Gedicht „Das Warenhaus" ausführt, und niemand wird überlesen können, dass es das W. K. G. nach wie vor gibt, nur dass es keine Briefe mehr verschickt, sondern sich per SMS oder über WhatsApp meldet (auch wenn viele Handynutzer darin mehr ein großes Unglück als ein kleines Glück sehen).[11] Damit der neue Mensch nicht so leidet wie der alte, empfiehlt es sich, mehr über das Wunder zu lernen, das ihm die Welt in die Hand gibt. Mit und von dem dazugehörigen Wissen lässt sich viel erzählen und Kafkas Angst vertreiben. Das Warenhaus für Kleines Glück öffnet seine großen Tore, wenn man weiterblättert.

---

[11]Das Gedicht kann man leicht im Internet oder in Ausgaben von Morgensterns Gedichten unter „Das Warenhaus" finden.

2

„Ein revolutionäres Produkt, das alles verändert"

„A revolutionary product, that changes everything." So
kündigte Steve Jobs am 9. Januar auf der MacWorld des
Jahres 2007 das handliche Gerät an, das er bei seinem
längst legendären Auftritt auf der genannten Entwickler-
konferenz in Kalifornien als Neuerfindung des Telefons
bezeichnete (mit Anschluss ans Internet). Das schwarze
Kästchen, das Jobs anfangs in seiner Tasche versteckt hielt,
wurde bei Apple intern und dann auf der Veranstaltung
öffentlich „iPhone" genannt. Es hat sich inzwischen
milliardenfach verkauft und das Unternehmen zu der ersten Firma in der Geschichte gemacht, deren Börsenwert
den Betrag von einer Billion US-Dollar überschreiten
konnte. Im August 2018 meldeten die Zeitungen in aller
Welt, dass Apple diese von Ökonomen gern als magisch
bezeichnete Grenze erreicht und hinter sich gelassen hat,
und zwar vor allem dank der globalen Umsätze mit dem
iPhone, was es allein aus diesem Grund lohnend macht,
einen Blick auf die smarte Präsentation zu werfen, mit der

© Springer-Verlag GmbH Deutschland, ein Teil von Springer
Nature 2020
E. P. Fischer, *Die Welt in deiner Hand,*
https://doi.org/10.1007/978-3-662-60726-8_2

Steve Jobs vier Jahre vor seinem allzu frühen Tod 2011 die von diesem handlichen Gerät bewirkte Weltveränderung einleitete, die heute überall im Alltag spürbar ist und zu der jeder auf seine Art mit offenbar wachsendem Vergnügen beiträgt, der Autor und seine Familie und Freunde inbegriffen.

Wer will, kann sich die Vorstellung des iPhones in den digitalen Zeiten, in denen die Menschen derzeit leben, auf seinem Laptop anschauen, und es lohnt sich. Man braucht nur YouTube anzuklicken und in der Leiste „Suchen" das Gewünschte einzutippen – „Steve Jobs auf der MacWorld 2007" zum Beispiel –, und kann dann auswählen zwischen kurzen und langen Versionen, die entweder rund 15 min oder mehr als eine Stunde laufen. Man sieht und staunt, was Jobs an dem neuerfundenen Telefon anpreist, nämlich nicht nur *the ultimate digital device* abzugeben – also das Digitalgerät zu sein, das keine Wünsche mehr offen lässt –, sondern vor allem ein „Wunder für deine Hand und deine Finger" zu liefern, wie er seinen künftigen Kunden ans Herz legt – ein Telefon, das bei entsprechender Berührung wie von Zauberhand – der eigenen in diesem Fall sogar – alles erfüllt und liefert, was man als User – als Nutzer – haben möchte, wie das schreckliche und stimmungstötende Wort für die Menschen heißt, die sich an einem iPhone erfreuen und damit ihr Leben füllen und führen. Wie dem auch sei – was Jobs meinte und sagte, heißt mit anderen Worten, dass mit dem neuen Gerät die Spitze der technologischen Entwicklung auf die Krone der Evolution in Form der menschlichen Hand gesetzt wird und beide perfekt zueinander finden und zusammenpassen, mit der Folge, dass tatsächlich alles in der Welt anders geworden ist. Jobs wollte das technische iPhone der menschlichen Hand als Verlängerung ihrer Natur anbieten, und es ist ihm gelungen, wie Bücher zeigen, in denen zu lesen ist, dass das Produkt von Apple „buchstäblich zu unserer zweiten Natur geworden" ist,[1] in dem die Finger das Denken übernehmen.

Ich wüsste gerne, was Jobs seinen gespannt lauschenden Zuhörern im Auditorium gesagt hätte, wenn er darüber informiert gewesen wäre, dass das „Wunder für die Hand" in der deutschen Sprache mit dem großartigen Namen „Handy" („Händi") gerufen wird, wie sicher kaum noch jemandem erklärt zu werden braucht. Die auf diese Weise englisch klingende Bezeichnung ist für mobile digitale Funkgeräte oder schnurlose Telefone bereits gegen Ende des 20. Jahrhunderts aufgekommen, wobei hier nicht auf den Streit eingegangen werden soll, den Unternehmen wie Motorola oder Telekom bezüglich der Urheberschaft des erfolgreich verbreiteten und gerne angenommenen Wortes geführt haben. Hier wird die Ansicht vertreten, dass DER SPIEGEL recht hat, wenn er in seiner Ausgabe vom 29.06.2007 das „Handy" durch eine „schwäbische Theorie" erklärt, nämlich durch die Formulierung einer Frage, die jemand im Schwabenland bei der ersten Begegnung mit einem schnurlosen Telefon gestellt hat. Er oder sie wunderte sich über die fehlende Verbindungsleitung und wollte deshalb wissen: „Hen di koi Schnur?" („Haben die keine Schnur?") Wer kein Kabel braucht, wenn er telefoniert, spricht seitdem mit einem Apparat namens Handy, was zum einen eine kleine Kritik an Steve Jobs erlaubt, dem man entgegenhalten muss, dass sein Unternehmen 2007 nicht das ganze Telefon neu erfunden hat, sondern nur seine mobile Variante – die dann aber gründlich –, und was zum zweiten die Aufmerksamkeit eben auf diesen historischen Schritt lenken sollte, nämlich die Erfindung des tragbaren Handys und des schnurlosen

---

[1]Mercedes Bunz, *Die stille Revolution*, Berlin 2012, S. 67.

Telefonierens. Vermutlich ist davon im Geschichtsunter-
richt an den Schulen keine Rede, weil die Historiker insgesamt nicht verstanden haben, dass allein die Geschichte
der Wissenschaften und Techniken erklären kann, wie
sich „unsere heutigen Lebensweisen durchgesetzt haben",
wie Michel Serres bereits vor Jahrzehnten so zutreffend
wie wirkungslos geschrieben hat.[2] In den Bildungs-
programmen der Schulen und des Fernsehens kommt
weder das eine noch das andere vor, was allein deshalb
komisch ist, weil die TV-Gewaltigen weder eine Ahnung
von der Funktionsweise noch dem historischen Werden
des Mediums haben, das sie politisch und moralisch verantwortlich sind.

Geschichtslosigkeit

Als im Sommer 2019 über die Longlist des Deutschen
Buchpreises diskutiert wird, geht es bei einigen aus-
gewählten Titeln um die Fragen „Wie geschichtsvergessen
ist unsere Gegenwart?" und „Ist die Geschichtsvergessen-
heit unser Schicksal?" (FAS vom 25.8.2019, S. 35). Gute
Fragen zweifellos, um die man die politischen Historiker
und Schriftsteller als Naturwissenschaftler allerdings nur
beneiden kann. Eine oder die Geschichte kann ja nur vergessen werden, wenn sie vorher bekannt war. Das ist aber
leider nicht der Fall, wenn es um Technik und Wissenschaft geht. Hier lässt sich nur eine nahezu vollkommene
Geschichtslosigkeit konstatieren, und die Entwicklung
etwa der für die Medien benötigten Techniken – Telegraf,
Telefon, Rundfunk, Fernsehen und so weiter – stellt ein
gigantisches und zugleich beschämendes Schwarzes Loch

---

[2]Michel Serres (Hrsg.), *Elemente einer Geschichte der Naturwissenschaften*,
Frankfurt am Main 1994, S. 11.

in der deutschen Bildungslandschaft dar, das keinen Vergleich mit dem Black Hole im Zentrum der Milchstraße scheuen muss, dessen Geschichte auch kaum jemand erzählen kann, auch wenn sich so viel aus ihr lernen lässt und sie voller Spannung steckt. Das Geschichtsloch in der Mitte der Bildungslandschaft scheint dabei genauso gefräßig wie das Schwarze Loch im Inneren der Heimatgalaxie des Menschen, denn jeder Versuch von Wissenschaftshistorikern, etwas Helligkeit zu verbreiten, geht im Kulturalltag verloren. In den Bestsellerlisten finden sich bei den Sachbüchern alle möglichen Titel, nur keine mit naturwissenschaftlicher Spurensuche. In der Ökonomie der Aufmerksamkeit bekommen die Qualitäten der Naturwissenschaft nur wenig Spielraum und Zuspruch.

Um die historische Schwärze etwas zu erhellen und das Versäumte wenigstens ein wenig nachzuholen, sei zunächst als Erinnerung der Hinweis gestattet, dass das Telefon eine technische Errungenschaft des 19. Jahrhunderts ist, für die ein Mann namens Alexander Graham Bell im Februar 1876 einen Patentantrag gestellt hat, der auch bewilligt wurde. Die Historiker sind sich dabei sicher, dass Bells Entwicklung auf gestohlenen Erfindungen und vielen Ideen anderer Menschen beruhte, von denen wenigstens einer noch vorgestellt wird, aber an dieser Stelle reicht es zu wissen, dass mit den telefonischen Apparaten erstmals Gespräche zwischen Menschen über größere Entfernungen möglich wurden. Dies fand in der damaligen Zeit viel Zuspruch, da sich eine industrielle Gesellschaft mit wachsender Geschwindigkeit entwickelte, was trotz zunehmender Enge in den Wohnungen zu einer Ausbreitung der Städte und Auslagerungen von Produktionsstätten führte und damit den Wunsch oder gar die Notwendigkeit nach einer raschen Erreichbarkeit von entfernt tätigen Personen aufkommen ließ, um sich mit ihnen abstimmen und verabreden zu können.

Signalübertragung

Das im 20. Jahrhundert zu einer Selbstverständlichkeit gewordene Telefon wirkte in seinen Anfangstagen eher unheimlich auf die Menschen, da zum einen die menschliche Stimme als Ausdruck eines beseelten Subjekts gesehen wurde – was manche Zeitgenossen heute ernsthaft fragen lässt, ob ihr Smartphone über eine Seele verfügt –, und da zum zweiten „der elektromagnetische Übertragungsvorgang und das Hören der Stimmen Abwesender … für Viele im Bereich unerklärlicher Magie" lag, wie es Kathrin Fahlenbrach in ihrer „Einführung in die Mediengeschichte" ausdrückt.[3] Hier könnte ergänzt werden, dass den meisten Menschen auch im 21. Jahrhundert der elektromagnetische Übertragungsvorgang nach wie vor unbegreiflich bleibt, nur dass man heute oberflächlich lässig darüber hinweg geht, ohne sich zu wundern, hat man doch, wie schon eingangs erwähnt, den sozialwissenschaftlich von höchster Stelle gepredigten Vorschlag verinnerlicht, dass man davon nichts zu wissen brauche (was der Anglist Dietrich Schwanitz 1999 in einem Buch über „alles, das man wissen muss", dazu nutzte, naturwissenschaftliche Kenntnisse allgemein von seiner „Bildung" auszuschließen,[4] was prompt in den meisten Feuilletons begeistert aufgenommen und heftig beklatscht wurde). Dabei könnte man an dieser Stelle eine Fülle über das Verhältnis von Mensch und Technik und den treibenden Kräften der Geschichte lernen. Das Telefon folgte nämlich der Telegrafie, die ihre eigene spannende Herkunft auf-

---

[3]Kathrin Fahlenbrach, *Medien, Geschichte und Wahrnehmung*, Wiesbaden 2019, S. 45.

[4]Dietrich Schwanitz, *Bildung – alles, was man wissen muss*, Frankfurt am Main 1999; vgl. dazu Ernst Peter Fischer, *Die andere Bildung*, Berlin 2001.

weist, die mit der Französischen Revolution beginnt und zunächst allein militärisch-politischen Zwecken diente. Mit ihren wachsenden Erfolgen und dem zunehmenden Einsatz kam nicht nur der Gedanke auf, das nach und nach geknüpfte Telegrafennetz mit dem Nervensystem des Menschen zu vergleichen, sondern auch der Vorschlag, einen Draht für die Übertragung der menschlichen Stimme zu nutzen, was immer noch aberwitzig klingt, wenn man es so ausdrückt. Dazu musste allerdings im Detail geklärt werden, wie sich Luftschwingungen (Schall) in elektrische Impulse umwandeln lassen, und zur Lösung dieser Aufgabe galt es, sowohl das Funktionieren des menschlichen Ohres als auch den Zusammenhang von Schallwellen und Elektromagnetismus zu erkunden, was heute wegen mangelhafter Interdisziplinarität der Forschung vermutlich selbst an einer Exzellenz-Universität misslingen würde.

Damals erfolgreich unternommen hat diese Schritte ein Mann namens Philipp Reis, dem es 1861 gelang, Schall in Strom umzuwandeln, der den Vorgang auch umkehren konnte und auf diese Weise in der Lage war, ein Mikrofon und einen Lautsprecher zu bauen. Der Weg zum Telefon lag damit offen, wobei man erst vom Fernsprechen – also vom Telefonieren über Entfernungen – redete, nachdem man elektronische Verstärker entwickelt hatte und in die Leitungen einfügen konnte, mit deren Hilfe sich die immer wieder unterstützten elektrischen Signale transportieren ließen, die eine menschliche Stimme vermittels eines Mikrofons in Gang gesetzt hatte und auf ein Ziel zuliefen. Mit der von den Geschichtsbüchern weitgehend ignorierten Elektronenröhre zur Verstärkung kleiner Energiebeträge wandelten sich die Bedingungen des gesellschaftlichen und industriellen Lebens so tiefgreifend und verkürzte sich der Schritt von der Feststellung eines Naturgesetzes zur praktischen Anwendung derart spürbar, dass ihre Erfindung und Einführung eine zweite industrielle Revolution ermöglichte, aus der bis heute eine dritte und vierte mit vernetzten und intelligenten Maschinen hervorgegangen sind, die nicht zuletzt Menschen wie Steve Jobs zu verdanken sind, der sein Leben lang an revolutionären – weltverändernden – Produkten bastelte und feilte.

Was den Menschen im 19. Jahrhundert wie Magie erschienen wäre und auf heutigen Elektronikmessen erneut als Magie präsentiert wird, kann tatsächlich in eine Reihung von physikalischen Signalen aufgelöst und damit in dem Sinne verstanden werden, dass sich keine Stelle (Lücke) findet, an der unbekannte oder nicht identifizierte Signale eine maßgebliche Rolle übernehmen. Das Konzept der Signalübertragung erweist sich ganz allgemein als tragfähig in den Beschreibungen der Naturwissenschaften, nicht nur im technischen Bereich, wenn Luftschwingungen über eine Membran in elektrische Impulse verwandelt werden. Es hilft auch weiter, wenn man etwa den Strom der Telefonleitung in einem empfindlichen Lautsprecher in eine Schallwelle zurückverwandelt und deren Weg erst ins Ohr und dann weiter ins Gehirn verfolgt, wo schließlich aus der wahrgenommenen Luftdruckkurve, die auch beim Abspielen der Neunten Symphonie von Beethoven entsteht, das Erlebnis des Hörens wird. Wer den Menschen und seine Sinne verstehen will, muss ebenso den Weg von Signalen verfolgen wie diejenigen, die begreifen wollen, was bei der elektrischen Sprechübertragung über größere Distanzen abläuft, und man sollte nie aufhören, sich über die Tatsache zu wundern, dass es der Natur und den Technikern immer wieder gelingt, die vielen Einzelschritte zu dem sinnvollen Ganzen zu fügen, das Menschen anstreben und genießen.

Übrigens, so erfolgreich sich das Konzept der Signalübertragung bei der Erklärung naturgesetzlicher Zusammenhänge erweist, so sehr verwundert es, wie wenig von ihm bei öffentlichen Erläuterungen etwas im Fernsehen Gebrauch gemacht wird, und man erstaunt sich darüber vor allem, wenn man politische Nachrichten verfolgt, in denen unentwegt davon die Rede ist, dass von irgendwelchen Entscheidungen oder Beschlüssen Signale ausgehen, die dann alles in Gang bringen. Täglich kann man von richtigen und falschen Signalen hören, die von Ministern oder Präsidenten ausgehen, warum dann nicht auch von Signalen, die im Körper zirkulieren oder im iPhone ankommen und dort andere Signale auslösen?

Ungeachtet dessen bleibt es schleierhaft, wie einfühlsame Gelehrte jemals den Ausdruck von einer Entzauberung der Welt ernst nehmen können, vor allem auch deshalb, weil zwar jedes Signal in der Kette des Telefonierens und Hörens – oder allgemein des Wahrnehmens – benannt werden kann, aber jede einzelne Umwandlung geheimnisvoll bleibt, selbst die, bei der bewegte Luftmoleküle eine Membran in Schwingungen versetzen. Dabei prallen die molekularen Gebilde aus der Luft auf die atomaren Bestandteile eines feinen Häutchens, und selbstverständlich lässt sich berechnen, wie viel Energie dabei übertragen wird. Aber Moleküle sind keine Kügelchen, und wie eines von ihnen auf ein anderes trifft und dabei Energie austauscht und wie es dieser Wirkgröße allgemein gelingt, ihre aktuelle Gestalt oder jeweilige Daseinsform – als Welle oder als Strom – immer wieder zu wechseln, wird dadurch nicht automatisch miterfasst und eher unklar, wie man sich klar machen sollte. Klar machen sollte man sich auch, dass sich ununterbrochen etwas verändert und wandelt und alles Bewegung wird und ist – *panta rhei* –, wobei sich besonders die selbst geheimnisvoll bleibende Energie auszeichnet. Sie sorgt durch ihre flexible Fähigkeit für die bewegte Welt, die Menschen kennen und schätzen. Ich bilde mir ein, dass Bertolt Brecht dem Fluss der Energie ein literarisches Denkmal gesetzt hat, wenn er in

der „Legende von der Entstehung des Buches Taoteking"
die Einsicht des Weisen Laotse durch einen Knaben in die
Worte fassen lässt, „dass das weiche Wasser in Bewegung
mit der Zeit den mächtigen Stein besiegt. Du verstehst, das
Harte unterliegt."[5]

Das Telefon, so billig es heute zu haben ist und so
banal seine Funktion zu sein scheint, liefert den Menschen eine Fülle von Möglichkeiten, dem Zauber der
Dinge auf die Spur zu kommen, der nicht nur in den
sich wandelnden Signalen mit ihren verschiedenen Formen der Energie liegt, sondern auch das Verhalten von
Menschen den technischen Angeboten gegenüber betrifft.
Kaum war nämlich die Möglichkeit des Fernsprechens
und die damit angestrebte und zu erwartende Zeitspar-
nis gegeben – man brauchte den Gesprächspartner ja nicht
mehr mühsam und in langwierigen Fahrten aufzusuchen
–, reagierten die Kunden zunehmend mit Anspannung
und Nervosität, wenn sie vor anfänglich noch von Tele-
fonistinnen betriebenen Geräten warten mussten, da die
gewünschte Verbindung nicht immer auf Anhieb klappte
und ein Knopfdruck oftmals ohne Reaktion blieb. Vor
allem Großstädter bekamen dabei ihre „unausgeruhten
Nerven" nicht in den Griff, wie Kurt Tucholsky 1927
augenzwinkernd notierte, um hinzufügen, „Wenn es keine
Berliner gäbe, das Telefon hätte sie erfunden."[6]

Da klingt er auf, der Gedanke, dass nicht nur die
Menschen die Apparate, sondern auch die Apparate die
Menschen hervorbringen – oder zumindest das entbergen
und ans Licht bringen, was in ihnen steckt. Dies hat in der
aktuellen Gegenwart dazu geführt, dass mit dem iPhone

---

[5]Mehr dazu bei Heinrich Detering, *Bertolt Brecht und Laotse*, Göttingen 2008.
[6]Zitiert bei Karl H. Metz, *Ursprünge der Zukunft – Die Geschichte der Technik in der westlichen Zivilisation*, Paderborn 2006, S. 341.

die von ihm mitgeformten – vielleicht sogar erfundenen – neuen Menschen erschienen sind, die nicht mehr nur in Berlin, sondern überall auf dem Globus durch die Straßen laufen und mit ihren Fingern wischend die Welt nach ihren Wünschen in ihre Hand hinein zaubern.

Das mobile Telefon

Zu den dramatischen Entwicklungen der letzten Jahrzehnte des 20. Jahrhunderts gehört neben der Digitalisierung der Maschinen – man könnte vom diskreten Charme der Apparate sprechen – auch die Eröffnung und Bereitstellung eines digitalen Raums, in dem die reale Welt verwaltet wird, nachdem sie in den virtuellen Bereich überführt werden konnte. Die Welt ist dank Apples iPhone in das Handy umgezogen – sie ist den Menschen damit konkret zuhanden –, und hier gehorcht sie den Fingerspitzen oder Daumen, was Steve Jobs zwar als „Magie des Bildschirms" bezeichnet hat, was sich aber ebenso als Kette von Signalen erzählen lässt, wie es oben mit dem Telefon erfolgte. Man wird sich erinnern, dass das iPhone die Neuerfindung des Fernsprechers sein sollte, und beim Touchscreen kann entsprechend die Idee der Signalumwandlung neu aufgelegt und aus der Magie das Staunen werden, das Menschen im Leben brauchen und sie aus der Falle der Einsamkeit befreit, wenn sie es äußern. Bevor hier der Finger auf den Bildschirm gelegt wird, soll noch erklärt werden, wie das erste Handy in die Welt kam.

In der Literatur zirkulieren verschiedene Angaben zu diesem Themenkomplex, wobei man sich der Übersicht halber vorstellen kann, dass Telefone Anfang der 1960er-Jahre mobil wurden, als die nach Alexander Graham Bell benannten Bell Laboratories in New York konkret dazu übergingen, Autotelefone zu bauen und anzubieten. Die ersten Exemplare wogen 15 kg und waren ziemlich klotzig, aber es waren nicht die allerersten ihrer Art. Autotelefone versuchte man bereits seit 1935 in Kofferräumen unterzubringen, weil die Hersteller zutreffend meinten, sie gehörten zur mobilen Natur des Menschen und würden von ihnen gewünscht und gekauft. Einsetzen konnte man dazu die bereits seit dem Ende des 19. Jahrhunderts bekannte drahtlose Funktechnik, die anfänglich so genannt wurde, weil die hier als Pioniere tätigen Wissenschaftler durch Sender in Form von Oszillatoren hör- und sichtbare Funken erzeugten, die in einem räumlich entfernten Empfänger (einer Antenne) eine Spannung induzieren konnten, mit deren Hilfe anschließend in einem angeschlossenen Gerät der elektrische Strom zu fließen begann, mit dem sich zuletzt geeignete Signale – heute würde man von Informationen sprechen – an einen Empfänger übertragen ließen.

Alles Schritt für Schritt durchführbar, alles Signal für Signal umwandelbar, alles Stufe für Stufe zu erklimmen, und trotzdem darf man das gelingende Ganze als Magie genießen und sich freuen, wenn eine drahtlose Übertragung zum gewünschten Ergebnis führt, wobei der angesprochene übertragene Funke dem Medium seinen Namen gegeben hat, das bis heute Rundfunk heißt – obwohl längst keine Funken mehr fliegen – und in Radioapparaten menschliche Stimmen und musikalische Klänge zu empfangen erlaubt, was erneut vom Publikum anfänglich als magisch und unheimlich aufgefasst wurde. Man fragte sich neugierig, wie das sein konnte. Da kamen körperlose Stimmen ohne Kabel mittels unsichtbarer Wellen in die Ohren der Menschen in ihren Wohnungen, wobei man anfangs noch Kopfhörer aufsetzen musste, um etwas wahrzunehmen, bevor 1925 ein elektrodynamischer Lautsprecher vorgestellt wurde, der die

Zuhörer ohne Körperkontakt mit dem Radio verband. Mit dem Rundfunk gab es das erste Tele-Medium, in dem sich ein Einzelner als einer medial zustande gekommenen Erlebnis-Gesellschaft zugehörig betrachten konnte, ein Gefühl, das die Menschen seither nicht mehr verlassen hat und das heute ganz selbstverständlich geworden ist. Dabei kam eine neue Wahrnehmungskultur zustande, zu der auch das Grammofon beitrug, mit dessen Hilfe es im Verlauf des späten 19. Jahrhunderts gelungen war, erst die menschliche Stimme und dann auch noch musikalische Klänge zu reproduzieren, die von einem akustischen Trägermedium namens Schallplatte ausgingen, das sie gespeichert hatte.

Der Touchscreen

Es ist offenkundig, wenn es auch vielfach folgenlos bleibt – aber die Geschichte der Menschen ist seit der Mitte des 19. Jahrhunderts auch eine Mediengeschichte, die ihrerseits nur als Geschichte der Techniken erzählt und verstanden werden kann, die der menschlichen Kommunikation dienen. Zu diesen Medien gehörte bald nach dem Fernsprechen das Fernsehen, nach dem Telefon die Television, und da die entsprechenden Geräte Bilder zeigen sollten, mussten sie mit Bildschirmen ausgerüstet werden, die seit Anfang der 1970er-Jahre die Eigenschaft bekommen haben, sich durch Tasten oder Berühren bedienen zu lassen. Was zunächst für Forschungseinrichtungen entwickelt wurde und für Konferenzen vorgesehen war, fand seinen Weg bald in die Alltagskultur mit ihren Handys, und 1992 baute die Firma IBM einen ersten Touchscreen in einem ihrer mobilen Telefone ein – wobei jedem Leser die drei Buchstaben IBM vertraut sein dürften, weshalb nichts mehr zu diesem Triple und dem damit bezeichneten Unternehmen gesagt werden soll.

Die Fachwelt spricht bei den aktuellen Modellen von einem kapazitiven Touchscreen, was auf den Einsatz von elektrischen Spannungen hinweist, die ein Kondensator speichern kann, was die Physiker durch seine Kapazität messen, wie man früher noch in der Schule lernte. Bei dem erwähnten Touchscreen kommt eine Glasplatte als Bildschirm zum Einsatz, die mit einem durchsichtigen Metalloxid beschichtet und an der eine elektrische Spannung angelegt ist (wobei an dieser Stelle noch nicht erläutert wird, wie die Farben und überhaupt die Bilder auf den Bildschirm kommen, mit denen sich die Welt dort zeigt). Wird die Folie mit einem (leitfähigen) Finger angetippt, wird der Strom an dem Punkt unterbrochen. Ladungen geraten in Bewegung, was an den Ecken gemessen werden kann, wobei zu dem funktionierenden Gesamtgebilde noch eine Einrichtung (Controller) gehört, die die registrierten physikalischen Informationen aufnimmt und aus ihnen die Position der Berührung berechnet und so punktgenau ermittelt.

Es mag interessieren, dass beim Sehvorgang im Auge etwas Vergleichbares passiert. In den lichtempfindlichen Zellen der Netzhaut fließt ein Strom, solange es dunkel ist, und dieser Dunkelstrom wird unterbrochen, wenn es im Auge hell wird, was zu einem elektrischen Signal führt, das dem Gehirn zugeleitet wird, in dem zuletzt aus dem Licht die Wahrnehmung „Sehen" wird. Ein Wunder, keine Frage, aber trotzdem ohne Erlebnisverlust aufzulösen in eine Kette von Signalen wie die Magie des Touchscreens, was eine Frage aufkommen lässt: Es könnte doch sein, dass in dieser Erklärbarkeit das eigentliche Wunder steckt. „Das Unbegreifliche an der Welt [der Natur und der Technik] ist ihre Begreiflichkeit", wie Albert Einstein gemeint hat, der jeden ausgelacht hätte, der ihm etwas von einer

„Entzauberung der Welt" erklären wollte und nicht einmal wusste, wie eine Straßenbahn losfährt.

Der amerikanische Autor Arthur C. Clarke hat einmal angemerkt, dass fortschrittliche Technologien von einem gewissen Grad an von Magie nicht zu unterscheiden seien,[7] und beim Touchscreen hat man den Punkt erreicht, und sich über das Zusammenspiel von mechanischer Berührung mit elektrischen Signalen mit mathematischen Berechnungen erst zu wundern und sich dann genauer darüber zu informieren. Das eben skizzierte Wechselspiel kommt ebenfalls in der Natur vor, denn wenn zum Beispiel Pantoffeltierchen auf ein Hindernis treffen, sorgt der Aufprall dafür, dass winzige elektrische Ströme in ihren Härchen die Richtung umkehren, was zwar keineswegs einfach zu verstehen ist, es den Zellen aber sofort erlaubt, den Rückwärtsgang einzulegen und ins Freie zu entkommen, wo das Pantoffeltierchen leben kann und möchte. Das Wunder der Signalumwandlung – es funktioniert im Leben wie im iPhone, und es lohnt sich, mit seiner Hilfe die Abläufe der Welt zu verstehen.

Betriebssysteme

So wie das Pantoffeltierchen keinen besonderen Druck auszuüben braucht und die leichte Berührung des Hindernisses reicht, um die gewünschte Reaktion einzuleiten, so reicht es auch, ein iPhone anzutippen, um die gewünschten Programme in dem Wunderwerk in Gang zu setzen, wobei zu einer halbwegs vollständigen Erklärung der Abläufe der Hinweis gehört, dass die Reaktionen der Maschine nicht nur von physikalischen Signalen abhängig

---

[7]Siehe dazu im Internet bei Wikipedia *Clarke'sche Gesetze*.

sind, sondern durch das gesteuert und betrieben wird, was die naheliegende Bezeichnung „Betriebssystem" hat. Möglicherweise verfügen Pantoffeltierchen und andere sensitive Zellen auch über solch ein Betriebssystem, nur dass die Biologen danach noch nicht geforscht haben. Sie sind mit der Frage ausgelastet, was in den Härchen wann und wie in welche Richtung fließt und dabei das Verhalten der Zelle bestimmt.

Was die Betriebssysteme von Maschinen angeht, so handelt es sich dabei um Computerprogramme – im Amerikanischen spricht man dabei von Operating Systems, die mit OS abgekürzt werden und in immer neuen Versionen auf den Markt kommen. Sie wurden in den 1950er-Jahren in die Welt der Maschinen eingeführt, als es immer komplexere Aufgaben zu bewältigen gab, wie in Kapitel „Die Welt in der Maschine" noch erläutert wird. In den Forschungslaboratorien des Autobauers General Motors kam man zuerst auf die Idee, das Bedienungspersonal, das bis dahin für die Arbeitsabläufe in einem Rechenzentrum zuständig war und dort mit den Lochkarten erschien, auf denen die Instruktionen zu finden waren, nach denen die Maschinen ihre Tätigkeit aufnehmen sollten, durch eine andere Art von Programm zu ersetzen, eben durch ein Betriebssystem. Bald folgte das Unternehmen IBM, das zu diesem Zweck eine Job Control Language (JCL) entwickelte, die in Form von Codes auf Lochkarten dem Computer die Information zukommen ließen, mit welcher Programmiersprache der nächste Kartenstapel seine Befehle geben und wie auf diese Weise der ganze Betrieb ablaufen wird.

Übrigens – als das Wort „Computer" aufkam, meinte es zuerst die Menschen, die an den Rechengeräten arbeiteten. Mit den Betriebssystemen verschwanden diese alten Computer (mit menschlichem Gesicht), um durch die neuen mit mechanischen Tasten ersetzt zu werden, an denen nichts Menschliches mehr zu finden war (was sich ändern kann). IBM investierte anfänglich eine Menge in die Systemsoftware und damit in die Fähigkeit von Computern, ihre Aufgaben effektiv und ohne Handgriffe zu erledigen, wurde darin aber in den 1980er-- und 1990er-Jahren von Unternehmen wie Microsoft übertroffen, die ihre Software vor allem erfolgreich für die damals aufkommenden Personal Computer (PC) anboten. Mit der Zeit wurden Betriebssysteme wie zum Beispiel eins mit dem Namen „Linux" immer komplexer, was höhere Anforderungen an die Hardware stellte, sodass sich beide Entwicklungen gegenseitig vorantrieben.

Als Steve Jobs das erste iPhone vorstellte, sprach er das hauseigene Betriebssystem an, indem er etwas von einem System murmelte, das er „OS X" nannte und das inzwischen längst abgelöst ist. In den Medien konnte man bald von iOS 8 oder iOS 12 und ihren Folgeprodukten lesen, wobei das i vor der Abkürzung auf seine Verwendbarkeit für iPhones hinweist, dessen kleiner Anfangsbuchstabe wiederum andeutet, dass man mit dem Gerät ins Internet kommen und dort surfen kann, was später erneut zur Sprache kommen wird.

Der Wunderblock

Bevor dieser erste Einblick in das iPhone und seine Zauberei abgeschlossen wird, sei noch an ein Spielzeug aus Kindertagen erinnert, das als „Wunderblock" bezeichnet wird und durch den Psychologen Sigmund Freud berühmt geworden ist. Er hat hier eine Schnittstelle zwischen Mensch und Maschine vermutet, wobei man daran erinnern sollte, dass „Schnittstelle" auf Englisch *„interface"* heißt und somit das Gegenteil einer Trennung meint, nämlich ein „Zwischengesicht", was man sich als etwas

Verbindendes oder Gemeinsames zwischen zwei Sphären vorstellen kann.

Das Spielzeug namens Wunderblock funktioniert oberflächlich wie ein Touchscreen, und man kann auf ihm Zeichnungen anfertigen und auch Texte schreiben. Gewöhnlich benutzt man dabei einen Schreibgriffel, mit dem Druck auf ein Deckblatt ausgeübt wird, wodurch Spuren in einer darunter liegenden Wachsstafel eingedrückt werden – als Schriftzeichen oder durch figurative Formen. Die Spuren werden sichtbar, weil sich die Reflexion des Lichtes mit dem Zustand des Wachses ändert, was reversibel ist und es durch Abheben des Deckblatts oder dessen gleichmäßiger Bestreichung erlaubt, die aufgezeichneten Symbole – Buchstaben oder geometrische Formen – wieder verschwinden zu lassen, eben zu löschen, wie man heute sagt. 1925 notierte Freud über den Wunderblock, „er ist in unbegrenzter Weise aufnahmefähig für immer neue Wahrnehmungen und schafft doch dauerhafte – wenn auch nicht unveränderliche Erinnerungsspuren von ihnen". Er stellt „das Sichtbarwerden der Schrift und ihr Verschwinden mit dem Aufleuchten und Vergehen des Bewusstseins bei Wahrnehmung" gleich und versteht die Wachstafel als das Unter- oder Unbewusstsein. Im iPhone kommen so viele alte und neue Geschichten zusammen, dass es Zeit wird, von ihnen zu erzählen. Sie gehören mit der Welt in unserer Hand zu unserem Leben.[8]

---

[8]Der Text von Sigmund Freud über den „Wunderblock" stammt aus dem Jahre 1925 und kann online gefunden werden.

3

Menschen mit Medien

Als ich noch ein Junge war – im Jahre 1958 –, erschien in der im Taschenbuchformat publizierten Reihe „Fischer Lexikon" – als wär's ein Stück von mir – der Band 9 mit dem ohne Komma geschriebenen Titel *Film Rundfunk Fernsehen*[1], in dem gleich zu Beginn „die Mächtigkeit" der genannten Publikationsmittel angeführt wurde, mit deren Hilfe „breiten Volksschichten … die Teilhabe am politischen, wirtschaftlichen und geistigen Leben der Epoche" möglich würde. Die Herausgeber erinnerten daran, dass zum Beispiel der Telegraf den Menschen gezwungen habe, „sich neu einzurichten in seinem Dasein", und er musste „die bisherigen Vorstellungen von Raum und Zeit, die seine Existenz sicherten, gründlich revidieren und

---

[1]Lotte H. Eisner und Heinz Friedrich (Hrsg.), *Das Fischer Lexikon, Film, Rundfunk, Fernsehen,* Frankfurt am Main 1958.

© Springer-Verlag GmbH Deutschland, ein Teil von Springer Nature 2020
E. P. Fischer, *Die Welt in deiner Hand,*
https://doi.org/10.1007/978-3-662-60726-8_3

sein Erleben dem außermenschlichen Tempo" anpassen, „das die elektromagnetischen Wellen diktierten". Große Worte, die vor sechzig Jahren – also zwei Generationen – geschrieben wurden und den Zeitgenossen der Gegenwart zu denken geben könnten, denen allmählich die Beschleunigung des Alltags zu viel wird und die aktuell eher eine Entschleunigung des Lebens wünschen. Unabhängig davon nutzen die Herausgeber die Gelegenheit eines Medienlexikons nicht nur, um auf „die umwälzende technische Revolution des 19. Jahrhunderts" hinzuweisen, die insbesondere in der Ausnutzung elektromagnetischer Wellen bestand. Sie fügten sogar eigene Kapitel über „Hochfrequenztechnische Grundlagen" bei Rundfunk und Fernsehen und damit naturwissenschaftliche Themen in ihr Buch ein, die kein moderner Medienforscher mehr anspricht und wohl auch nicht verstehen will. Einsteins Kühe lassen erneut grüßen, deren Zahl schon deshalb stetig steigt, weil zum Beispiel das Fernsehen seit den 1950er-Jahren – und seit 2010 das iPad – als „Kinderbewahrinstitution" genutzt wird, wie im Lexikon in dem Kapitel über die „Wirkungen des Fernsehens" zu lesen ist,[2] das damals schon auf die Gefahr hinwies, dass es im Medium der Information immer schwieriger wird, Meinung und Wissen zu trennen. Wer nur kess und laut seine Ansicht im Fernsehen verkünden darf, findet die Zustimmung beim Publikum, das auf schlagkräftige Auskünfte erpicht ist, auch wenn bei wissensbasierten Argumenten nur eine Fehlanzeige zu melden ist und viele Zuseher oder Zuhörer passen müssen.

---

[2]*Das Fischer Lexikon, a. a. O.*, S. 303.

Massenmedien

Wie dem auch sei: Die Herausgeber des Fischer Lexikons verzichteten in ihrem Titel leider auf die vollständige Alliteration, die man damals immer wieder lesen oder hören konnte, wenn für eine Veranstaltung ein prominenter Gast angekündigt wurde, der dem Publikum bekannt war aus „Funk, Film und Fernsehen", wie es aus dem Lausprecher über der Bühne tönte. In beiden Fällen zeigt sich, dass man in den erwähnten Kreisen das Wort „Medien" in den 1950er-Jahren noch nicht kannte oder gebrauchte, das tatsächlich auch erst seit den 1960er-Jahren sein Eigenleben entfaltet und inzwischen vor allem in Form von „Massenmedien" kursiert, wobei sich viele, die das Wort gebrauchen – und damit neben den gedruckten vor allem die elektronischen Medien meinen – überrascht zeigen, wenn man ihnen sagt, dass im Englischen der Begriff der *mass media* seit den 1920er-Jahren in Gebrauch ist. In dieser Sprache heißt der Rundfunk ja auch „Broadcasting", weil anders als beim Telefon anstatt des einen gezielt anvisierten Empfängers eine breite Hörerschaft erreicht werden sollte, es also nicht um einzelne Personen, sondern um Menschenmengen ging, für die es dann auch „Massenmedien" zu entwickeln galt – was die Nationalsozialisten in den 1930er-Jahren auf ihre Weise und für ihre Zwecke erfolgreich unternahmen.

Als das Wort von den „Medien" die Kombination „Funk, Film und Fernsehen" ablöste, kam auch ein erstes – von Günther Kress verantwortetes – Fachblatt der Medienbrache auf den Markt, das „Aus unseren Kreisen" berichtete und den alten Schutzwall niederriss, den etablierte Organe wie die FAZ errichtet hatten, in denen zum Beispiel verkündet und versprochen wurde, „In der Zeitung nichts über die Zeitung". Es galt damals noch, die Leserinnen und Leser über die Welt zu informieren, in der man vorhanden und die einem noch längst nicht zuhanden oder zu Händen war, und mit der eigenen Befindlichkeit in Ruhe zu lassen. Heute wundert mich, dass sich erstens daran niemand mehr hält und sich zweitens kein Mensch an den zitierten Satz zu erinnern scheint, der sich mir unauslöschlich in das Gedächtnis eingebrannt hat. Natürlich gab es seit den Nachkriegsjahren längst populäre Programmzeitschriften wie die bis heute verkaufte „Hörzu". Sie heißt so, weil sie sich zuerst an Rundfunkhörer wandte und ihnen neben Information über die geplanten Ausstrahlungen im Radio auch die beliebten Sendeanstalten selbst und die darin tätigen Journalisten oder Moderatoren vorstellte und daneben Tipps zur Reparatur von Radioapparaten gab, nicht ohne den Neugierigen die Bedeutung der Elektrizität und ihre Qualitäten wie Schwingkreise zu erläutern, mit deren Hilfe die ausgestrahlten Sendungen erst möglich wurden und ihre Empfänger erreichten.

Es dauerte dann aber noch bis in die 1980er-Jahre, bis die Tages- oder Wochenzeitungen anfingen, eigene Medienseiten zu produzieren, wobei diese Entwicklung mit dem Aufkommen des Privatfernsehens parallel läuft, was einem Wirtschaftshistoriker einleuchtet, da beide Aktivitäten derselben Quelle entstammen und eine Unterhaltungsindustrie entstehen ließen, die sich bald vor allem um sich selbst kümmerte. Inzwischen ist es nicht nur so, dass Menschen die meisten Informationen aus den Medien bekommen und zum Beispiel Regierungschefs, Rockstars und Fußballspieler nur aus dem Fernsehen, der Zeitung oder dem iPhone kennen, und in der Öffentlichkeit ist längst von Medienereignissen die Rede, weil sie wie die Krönung der Queen 1953 oder die Mondlandung 1969 nur durch das Fernsehen zu der wahrgenommenen Wirklichkeit werden, aus der Menschen ihr Weltbild aufbauen. Was die Mondlandung angeht, so konnte man damals lesen, dass die Frau eines der Astronauten, als sie ihren Mann in dem komischen Raumanzug nicht nur auf dem Erdtrabanten, sondern vor allem auf ihrem Fernsehschirm herumhüpfen sah, ausgerufen hat: „Das ist ja wie ein Fernsehdrama, das sieht alles so unwirklich – unreal – aus.“[3] Die Medien machen die Wirklichkeit der Menschen aus, sie treten an die Stelle der Welt, und es gibt längst Zeitgenossen, die die Übertragung eines Sportereignisses im heimischen Fernsehen dem (teuren) Besuch im Stadion vorziehen.

Die meisten Menschen erleben längst weniger real und mehr medial, was sich leicht zeigt, wenn man überlegt, dass mehr Menschen eine Oper oder ein Konzert (der Wiener Philharmoniker zum Beispiel) zu Hause im Fernsehen anschauen als außer Hause auf der Bühne oder in einem Festsaal besuchen. Dies führt in einem nächsten Schritt dazu, dass sie eine entsprechende Kritik des Ereignisses nicht mehr im Feuilleton, sondern auf der Medienseite suchen – wenn sie noch Zeitung lesen und nicht in ihrem Handy die Online-Version anklicken –, auf der dann auch die televisionären Talkshows abgehandelt werden, in denen solche Personen oft als Fachleute oder Gäste auftreten, die sich als Journalisten oder Schauspieler keineswegs in der realen Welt, sondern vor allem in den Medien qualifiziert haben. Kein Wunder, dass die Menschen Quizmaster für gelehrte Leute halten und Komiker oder andere TV-Stars zu Präsidenten wählen. Man sollte allerdings nicht vergessen, dass man in der Wirklichkeit nicht so einfach das Programm wechseln kann, wie es die Fernbedienung mit einem Medienapparat vollzieht,

---

[3]Zitiert bei Günther Anders, *Der Blick vom Mond – Reflexionen über Weltraumflüge*, München 1970, S. 119.

und manchmal wacht man deshalb nicht aus einem unangenehmen Traum auf, weil es ihn gar nicht gab und sich die scheinbar geträumten Dinge so unmittelbar vor einem in der Realität abgespielt haben.

Das Ende des Buchzeitalters?

Mit dem Begriff der Medien ist in den frühen 1960er-Jahren zugleich auch die Frage aufgetaucht und behandelt worden, was die damit gemeinten Informationstechnologien mit dem Menschen machen und wie sie ihn verwandeln, wobei eine berühmte Antwort mit dem Slogan *„The medium is the message"* („Das Medium ist die Botschaft") gegeben wurde. Der zitierte Satz geht auf den kanadischen Philosophen, Literaturkritiker und Kommunikationswissenschaftler Marshall McLuhan zurück, der 1964 sein Buch *Understanding Media* vorlegte und darin ausführte, dass es vielen Menschen gar nicht um die Inhalte geht, die sie in den Medien angeboten bekommen – Historisches, Sport, Politik –, sondern um die Teilhabe am Medium selbst. Viele schauen ja nicht eine bestimmte Sendung im Fernsehen an, viele schauen einfach Fernsehen, egal, was da auf dem Bildschirm daheim, im Hotelzimmer oder einer Bar flimmert. Und aktuell meinen Bildungspolitiker, den Schulen dadurch helfen zu können, dass man ihre digitale Ausrüstung verbessert und überall Laptops hinstellt und Handys einsetzt. Bereits im Jahre der Mondlandung hat der österreichische Schriftsteller und Sprachtheoretiker Oswald Wiener – weder verwandt noch verschwägert mit Norbert Wiener, dem Vater des Kybernetik – dies mit durchgängiger Kleinschreibung durch den Hinweis kritisiert, „man hat zwar nichts, was man anderen beibringen kann, aber die Methode dazu ist wenigstens da".[4] Mit der digitalen Ausstattung der Schulen hat man auch heute immer noch nichts, was man den Knaben und Mädchen beibringen könnte, aber die Geräte und die Software sind auf jeden Fall schon einmal da. „*The medium is the message*", und die Gehirne der Schülerinnen und Schüler bleiben so leer wie am ersten Tag. Kein Wunder, dass sie auf ihre Handys starren. Da zeigen sich wenigstens bewegte bunte Bildchen auf dem flimmernden Display, die einen leicht in den Zustand des Dösens gleiten lassen. Dann tut die Langweile nicht mehr so weh.

Zwei Jahre vor seinem Versuch einer Medientheorie wollte McLuhan unter dem Titel *Die Gutenberg Galaxis* „Das Ende des Buchzeitalters" verkünden. Er meinte, festgestellt zu haben, dass Technologien wie die Telegrafie und Fotografie menschliche Sinne in die soziale Welt ausdehnen können und dabei neue Relationen zwischen den evolutionär entstandenen Instrumenten der Wahrnehmung zum Vorschein bringen. McLuhan vermutete sogar, dass elektronische Medien die kognitive Organisation – das Denken – erst des einzelnen Menschen und dann die der gesamten Gesellschaft verändern können, und wer den Einfluss des iPhones auf die Welt verstehen will, ist sicher gut beraten, über diese beiden Punkte weiter nachzusinnen und sie im Kopf zu behalten, was nicht notwendigerweise eine Verdammung des wundersamen und handlichen Mediums bedeutet. Als die Evolution den aufrechten Gang eingeführt hat, den Handynutzer inzwischen partiell aufgeben, hätte man auch einwenden können, das sei wegen der Sturzgefahr zu gefährlich, und zudem sei es unangemessen, sich von den anderen Tieren am Boden abzusondern und seinen Kopf zum Himmel

---

[4]Zitiert bei Michael Hagner, a. a. O., S. 57.

zu erheben. Die tatsächliche Entwicklung des Lebens ist darüber hinweggegangen, und so wird es auch mit der Handynutzung passieren, die sich auf keinen Fall durch ungeeignete Argumente oder kritische Anmerkungen von Leuten aufhalten lässt, die sich an nichts Neues mehr gewöhnen und ihr Leben nicht an weitere Entwicklungen anpassen wollen. Das iPhone sollte eher und immer wieder auf seine Möglichkeiten hin angeschaut werden, zu denen auch die Geschichte gehört, die es durchlaufen hat, um den passenden Platz in der Hand zu finden, die ebenfalls ihre Geschichte hat.

Die Vielfalt des Handys lässt Medientheoretiker von einer „omnipräsenten Medienumgebung" sprechen, in der sich die Menschen hineingestellt sehen und in der „die Grenzen zur außermedialen Alltagswirklichkeit verschwimmen".[5] Immerhin macht das iPhone die durch das Internet aufgekommenen „neuen tele-interaktiven Kommunikations- und Wahrnehmungsformen", wie Medienexperten souverän formulieren und als eine „tele-interaktive Audiovision" verkünden, sogar mobil abrufbar. Um bis zu diesem Punkt in der Geschichte zu kommen, war das nötig, was heute mit dem Begriff der digitalen Revolution bezeichnet wird, die sich seit den 1960er-Jahren vollzieht und deren Einführung mit den folgenden Abschnitten vorbereitet wird.

Zu diesem Zweck geht es noch einmal zurück zur Mediengeschichte, die es natürlich bereits *avant la lettre* gab, und ebenso selbstverständlich haben Menschen das Wort „Medium" schon benutzt, bevor sie es auf Funk, Film und Fernsehen anwandten, wobei die Printmedien in dieser Aufzählung aus unfairen Gründen und nur deshalb rausfallen, weil in ihnen kein F zu finden und an

---

[5]Frank Bösch, *Mediengeschichte,* Frankfurt am Main 2019, S. 232.

den Anfang zu stellen ist. Der Plural „Medien" kommt nach dem Singular des Mediums, und mit diesem Wort wird ein Mensch bezeichnet, der behauptet, Botschaften von Engeln oder Geistern oder Nachrichten von Toten zu empfangen und allgemein etwas wahrzunehmen, ohne dass sich dabei physikalische Signale – wie Licht oder Schall – nachweisen lassen. Gewöhnlich lachen viele Leute an dieser Stelle, wie es der Autor auch gerne machen würde, allerdings erstens nicht ohne an die Geister in den Medien zu erinnern, von denen Kafka geschrieben hat, zweitens von Madame Curie zu erzählen, die als Entdeckerin der radioaktiven Strahlen mit unsichtbaren Medien vertraut und nach dem plötzlichen Tod ihres Mannes so verzweifelt war, dass sie jede Chance ergriff, Kontakt mit ihm aufzunehmen – auch die mit einem Medium in spiritistischer Runde[6] – und drittens auf Marcel Proust und Sigmund Freud hinzuweisen, die bei einer Stimme aus dem Telefon meinten, Worte aus der Unterwelt oder Einflüsterungen des Unbewussten zu hören.[7]

Auf dem Zauberberg

Wenn Medien neu sind, können sie vielen Menschen wie Zauberei vorkommen, wobei es mit diesem Wort leichtfällt, auf den *Zauberberg* von Thomas Mann zu klettern, den er in den 1920er-Jahren geschrieben hat. Zum Ende des mehr als 1000 Seiten umfassenden Romans greift der Verfasser in zwei aufeinanderfolgenden Kapiteln ein Medium und die Medien mit ihrem doppelten Sinn auf,

---

[6]Barbara Goldsmith, *Obsessive Genius – The Inner World of Marie Curie,* New York 2005.
[7]Zitiert bei Karl H. Metz, a. a. O., S. 345.

und er bindet sie sogar zusammen, was das Wort selbst nahelegt, das etwas ausdrückt, das Menschen um sich herum wahrnehmen und in der Mitte – Medium – sie als Empfänger stehen. Medium ist nicht nur ein Fachausdruck, den Kommunikationswissenschaftler – Medienforscher – für sich beanspruchen können. Dem Medium und den Medien haftet etwas Archetypisches an, das Menschen anspricht und nutzen. In der Physik wurde ein Ausbreitungsmedium von elektromagnetischen Wellen (Licht) eingeführt, das früher „Äther" genannt wurde und voller Energie steckt, und wenn Philosophen etwas von einem Zeitgeist murmeln, dann meinen sie etwas von einer Gemeinschaft Wahrnehmbares, etwas, in dem Menschen und ihre Gedanken eingebunden sind, das mit ihnen verwoben ist und an dem sie partizipieren können.

Was die Medien im *Zauberberg* angeht, so bestaunt zunächst der Held des Romans, Hans Castorp, ein damals neues akustisches Medium, das Thomas Mann als „ein strömendes Füllhorn heiteren und seelenschweren künstlerischen Genusses" vorstellt und mit dem er einen „Musikapparat" meint, genauer ein Grammofon. Das wuchtige Gerät verschafft „Zauber zu freier Lust", wie zu lesen ist, und als die ersten Takte eines Walzers von einer heute intellektuell als banal eingestuften Schallpatte durch eine zitternde Nadelbewegung aus dem „Körper der Truhe" heraus erklingen, lauschen die Kranken im Saale „mit offenen Mündern lächelnd" auf die „Fülle des Wohllauts", der ihnen aus dem Kasten entgegenkommt, und sie lassen sich verzaubern.[8]

Im Anschluss an dieses akustische Erlebnis wendet sich der Roman „ins Magische, durchaus Geheimnisvolle",

---

[8]Die Zitate stammen aus der Ausgabe von *Der Zauberberg*, die 2002 im S. Fischer-Verlag in Frankfurt am Main erschienen ist.

was dem Leser einige Geduld abfordert, da ihm nun der Erzähler umständlich und sich endlos entschuldigend für die seltsamen Abläufe ein spiritistisches Gesellschaftsspiel, ein eher albernes Glasrücken, vorstellt und schildert, das nach zäh sich ziehenden Zeilen auf seinen Höhepunkt in Form einer „Beschwörung Verstorbener" zuläuft. Allerdings: Während dieser höchst sonderbaren Stunden spielt das leichtlebige Grammofon unauf**hör**lich Musik, die offenbar dazuge**hört**, wenn ein jungfräuliches Medium einen Verstorbenen heraufbeschwört und ihn zur Erscheinung bringt, in die Welt zurückholt oder welches Tätigkeitswort man an dieser Stelle auch für die fragwürdigen Ereignisse einsetzen möchte, bei denen einige Anwesende tatsächlich melden, den herbei gezauberten Geist oder Gast mit eigenen Augen gesehen zu haben. Thomas Mann hält sich vornehm zurück und lässt der spiritistischen Sitzung weiter ihren Gang, bis der musikalische Apparat nur noch das Kratzen der Nadel inmitten der Schallplatte hören lässt – ein Geräusch, das dem Autor dieser Zeilen aus seinen Kindertagen zwar noch vertraut ist, das er seinen Enkeln aber kaum noch vermitteln kann. Als nun der Romanheld in dieser ungemütlichen Situation endlich aus seiner Trance erwacht und reagiert, indem er Licht einschaltet, zeigt sich der Sessel allerdings leer, auf dem der beschworene Tote kurz zuvor noch gesessen haben soll.

Merkwürdig ist sie auf jeden Fall, diese mediale Beschwörung eines Verstorbenen, nicht zuletzt, weil Thomas Mann sie auf mehr als 30 Seiten unter dem Superlativ „Fragwürdigstes" in seinem *Zauberberg* auswalzt, der in einer Epoche geschrieben wurde, in der die Medien anfingen, sich mehr und mehr in das Leben der Menschen einzumischen, auch wenn es noch kein Fernsehen gab. Es steht dem Autor nicht an, über die Motive von Thomas Mann nachzusinnen, aber anzumerken und nicht zu übersehen ist, dass im *Zauberberg* das technische Medium neben dem spirituellen Medium steht, es sogar begleitet und beiden die gleiche Stufe des Geheimnisvollen und der damit möglichen Gefühle eingeräumt wird. Einem Leser aus dem 21. Jahrhundert, der zum einen mit CD-Playern und iPhones vertraut ist und die Fülle des gewünschten Wohllauts aus ihnen nicht nur ohne Kratzen einer Nadel auf einer Platte, sondern auch an jedem Ort – im Flugzeug ebenso wie auf einer Insel in der Südsee – und in jeder Qualität in sich einströmen lassen und genießen kann und der zum anderen als säkular erzogener Bürger eines durch Technik dominierten demokratischen und laizistischen Gemeinwesens Geistesbeschwörungen als Geschichten aus Dazumal von sich weist, einem solchen verwöhnten und rational agierenden Menschen wird bei der Lektüre der Abschnitte mit dem musikalisch-spiritistischen Mischen im *Zauberberg* hartnäckig jn Erinnerung gerufen, dass Medien nicht allein etwas für Kommunikationsexperten sind, sondern als vermittelnde Instanz oder Substanz zum Dasein des Menschen gehören, ihn in der Welt um- und einfangen und ihm Gelegenheit bieten, sich ausdrücken und anderen mitzuteilen.

Zur Geschichte der Bilder

So wie ein Elektron nicht ohne ein Feld existieren kann, das es um sich trägt und mit sich führt, und so wie jedes physikalische Feld, das man als Medium denken kann, seine Wechselwirkungen nur durch singuläre Kraftpunkte an ihrem Ort ausüben kann, die immer auch zu ihm gehören und in ihm zu finden sind und damit seine Anwesenheit melden, genauso tragen Menschen an ihrem Ort und in ihrem Dasein etwas Medienartiges mit sich, das Einzelnen von ihnen zum Beispiel ein Charisma gibt oder in einer Gemeinschaft für eine angenehme oder stimulierende Atmosphäre sorgt.

Kein Mensch ist eine Insel, wie es heißt, und selbst die braucht einen Ozean, der sie umspült und heraushebt. Menschen existieren nicht für sich, sondern seit ihren Anfängen in einem Medium, aus dem im Verlauf der Geschichte die Fülle und Vielfalt der Medien geworden ist, die sie selbst mit ihren technischen Apparaten entwickeln, an deren derzeitigem Ende ihnen das iPhone zur Verfügung steht, das die bereits angesprochene „omnipräsente Medienumgebung" mit „interaktiver Audiovision" liefert. Um diese den Menschen offenbar zusagende Auflösung der Wirklichkeit und ihrer Verschiffung in den digitalen Raum bei gleichzeitiger Zuhandenheit – Zufingerheit – auf dem Touchscreen besser in den Blick zu bekommen, soll ein kleiner Teil der Mediengeschichte erzählt werden, und zwar vor allem der Abschnitt, der das Sehen und die Bilder betrifft, die zu Beginn des 20. Jahrhunderts das Laufen gelernt haben.

Die Geschichte der Bilder beginnt zwar vor Zehntausenden von Jahren in den steinzeitlichen Höhlen, wie sie etwa im spanischen Altamira aufgefunden wurden, und natürlich kann die Kunstgeschichte von Malereien seit den Anfängen der menschlichen Geschichte berichten. Aber in wissenschaftlich-technisch entworfenen Medien der Kommunikation tauchen Bilder erst auf, seit im 19. Jahrhundert die Fotografie – also das Schreiben mit Licht – erfunden worden ist. Das heißt genauer, mit dem durch chemische Reaktionen möglichen Einfangen des Lichts auf fotoempfindlichen Platten tauchen erste reproduzierbare Bilder auf, die in einem Medium – erst auf einer Platte, dann auf einem Film – festgehalten werden können und in diesem Zustand nicht lange brauchen, um „in der Alltagskultur als Medium bürgerlicher Selbstdarstellung" eine prägende Rolle zu übernehmen, wie Kathrin Fahlenbrach in ihrer oben zitierten Mediengeschichte schreibt.[9]

Unübersehbar tauchen sofort erste Anzeichen der Selfie-Kultur auf, die in der Moderne ungeheure Ausmaße angenommen hat, was auch damit zu tun hat, dass dieser Narzissmus offenbar ebenso zur Natur des Menschen gehört wie die Lust am Betrachten von Bildern überhaupt – wobei die Möglichkeit, sich selbst zu knipsen, Erich Kästner noch ziemlich verblüfft hätte, der in den 1930er-Jahren einmal ein „Unsanftes Selbstgespräch" geführt und darin den Ratschlag gegeben hat: „Merk dir, du Schaf,/ weil es immer gilt:/ Der Fotograf/ ist nie auf dem Bild." Er ist es inzwischen doch, wobei es ein Handy einfach macht, sich fotografisch in Szene zu setzen. Mit der bequemen Technik kommt die Lust, die Menschen an Bildern zeigen, immer deutlicher zum Vorschein, was einen nicht vergessen lassen sollte, dass dieses Verlangen keineswegs neu ist. Das Vergnügen an Bildern zeigte sich bereits im 17. Jahrhundert, als das konstruiert wurde, was als Camera Obscura bezeichnet wurde und einen großen Kasten meinte, der eine Wand mit einen kleinen Loch aufwies, durch das Lichtstrahlen fallen konnten, die auf einer gegenüberliegenden Leinwand ein Bild der Wirklichkeit außerhalb der Kamera hervorbringen würden. Die Camera Obscura war groß genug, um die Menschen aufzunehmen, die die Bilder in der Kammer betrachten wollten, und sie kamen in Scharen und staunten – bis ins 19. Jahrhundert hinein jedenfalls.

Mit der Camera Obscura konnten auch Szenen aus Puppenspielen oder Scherenschnitte in das Innere projiziert werden, was auf viele Betrachter wie übersinnliche Magie wirkte, da ihnen reale Handlungen in

---

[9]Fahlenbrach, a. a. O., S. 153.

entmaterialisierter Form präsentiert wurden. In der heutigen Welt verliert sich mit den vielen Medien und ihrem ständig abnehmenden Bezug zu den wirklichen Dingen jedes Gefühl für das Wunderbare, das in einer Verwandlung der Welt in ein Bild steckt, und so nimmt man es einfach hin, dass mit zunehmender Transparenz der Bilder – auf dem iPhone zum Beispiel – die Intransparenz der technischen Vorgänge zunimmt, mit denen sie zustande kommen und gespeichert werden, was aber niemanden stört, da sich die Mehrheit wie Einsteins Kuh wohlfühlt. Während man früher in den Zeiten des Rollfilms mit 36 Aufnahmen sich noch dafür interessierte, was es mit den Silberhalogeniden auf einem lichtempfindlichen Asphalt (Bitumen) auf sich hatte, mit denen im 19. Jahrhundert versucht wurde, die Bilder einer Camera Obscura foto-chemisch festzuhalten – zu fixieren –, während man in den noch gar nicht so lange vergangenen Zeiten von Kodachrome schwärmte und sich gemerkt hatte, dass aus einem Schwarz-Weiß- ein herrlicher Farbfilm wurde, indem man Schichten mit drei Farbfiltern darüberlegte, mit deren Hilfe die drei additiven Grundfarben Rot, Gelb und Blau ihren Eindruck hinterlassen konnten, findet man heute immer weniger Handynutzer, die sich zum einen darüber wundern, wie der einstmals chemische Prozess des Lichteinfangs neuerdings durch einen physikalischen Mechanismus gelingt, der die Farben der Welt zudem direkt auf das Display im Handy bannt und den Bildsüchtigen der mühsame Entwicklungsprozess in einer Dunkelkammer erspart bleibt, ohne den man früher kein fotografiertes Bild in die Hände bekam, da in der Kamera bei der Belichtung das entstanden war, was man das „Negativ" nannte und was also noch einen Umkehrprozess zu durchlaufen hatte, um betrachtet werden zu können. Wer in den 1970er- und 1980er-Jahren und danach fotografiert hat, kann nur staunen über die farbenprächtigen Bilder, die ihm ein Handy liefert. Es kommt ihm wie ein Zauberkunststück vor, obwohl der Ablauf eher selbstverständlich aussieht: Das Licht der Welt kommt in das Handy und wird dort gespeichert. Was soll schon dabei sein? Die Welt ist doch so bunt, vor meinen Augen und auf meinem Handy! Man muss es immer wieder sagen – jede fortgeschrittene Technologie ist von Magie nicht zu unterscheiden, aber wie kann man das den Kühen erklären, denen es reicht, ihr Gras zu kauen und zu verdauen?

Mit dem fotografischen Medium und seinen anfänglich unscharfen Schwarz-Weiß-Bildern – noch heute lassen sich Leute verblüffen, wenn man sie fragt, warum die ersten Bilder nicht so bunt wie die Welt waren und nicht direkt und einfach die Farben aufwiesen, die sich im Licht der Sonne zeigen – entstand bald das Bedürfnis nach bewegten Bildern, was noch im 19. Jahrhundert Erfinder wie Thomas Alpha Edison dazu brachte, „Kinetographen" zu konstruieren, in denen er fortsetzte, was in Versuchen vor ihm entwickelt worden war, nämlich Reihenfotografien zu machen, mit denen etwa das Fliegen eines Vogels oder das Laufen von Pferden in Bilderserien festgehalten werden konnten. Nach Edison schufen die Brüder Lumière in Paris einen Apparat, der das Aufnehmen, Abspielen und Kopieren von laufenden Bildern -also einem Film im modernen Sinn – zusammen ermöglichte, und Ende 1895 führten sie ihre Erfindung öffentlich in der französischen Hauptstadt vor. Es dauerte nicht mehr lange, bis die Zeit des Stummfilms begann, dessen Vorführungen – wie die Tätigkeit des Mediums im *Zauberberg* – von Musik begleitet wurde. Bis zu den ersten Filmen mit integrierter Lichttonspur – ein schönes Wort – mussten noch zwei Jahrzehnte vergehen, und als die ersten Tonfilme im Kino gezeigt werden konnten, tauchte ein Konkurrenzmedium auf, um das es gleich ausführlicher gehen soll, weil es den Weg zum iPhone weist. Gemeint ist das Fernsehen, dem die Aufmerksamkeit aber erst nach einem Rückblick auf die Jahrhundertwende gilt, um die herum sich etwas wahrlich Erstaunliches ereignet hat, mit dem die Welt so anders wurde, dass selbst Steve Jobs vor Neid erblasst wäre.

Quantensprünge zur Jahrhundertwende

Oben wurde davon gesprochen, dass Ende 1895 ein bedeutendes Datum der Kulturgeschichte verkörpert. Es ist auch ein bedeutendes Datum der Wissenschaftsgeschichte, denn im Dezember stellt Conrad Röntgen eine neue Art von Strahlen vor, die als Röntgenstrahlen die medizinische Diagnostik umkrempeln sollte, aber nicht nur das. Nur wenige Jahre nach Röntgens Erfolg und noch im alten Jahrhundert ließ sich eine Fülle von radioaktiven Strahlen nachweisen, und als die Physiker zeigen konnten, dass diese neuen Aussendungen von Energie ebenso wie die Radiowellen des Rundfunks und die sichtbaren Farben des Spektrums als Licht zu verstehen waren und all diese verschiedenen Phänomene aus denselben elektromagnetischen Wellen (nur mit unterschiedlichen Wellenlängen) bestanden, da erkannten Zeitgenossen wie Rilke, dass die Menschen die Welt noch gar nicht gesehen hatten, jedenfalls nicht mit den Augen in ihrem Kopf. Sie verstanden, dass es sehr viel mehr unsichtbares als sichtbares Licht gab, was bedeutete, dass die Welt unter der Sonne anders war, als sie aussah. Wer jetzt mit seinen Bildern zeigen wollte, wie die Dinge wirklich sind, musste sie mit seiner Fantasie erfinden, und auf diese Weise öffnete sich mit der Entdeckung der Röntgenstrahlen der Weg in die Abstraktion, die in der Malerei etwa den Kubismus zeitigte und in der Physik eine Quantenphysik ermöglichte, mit deren Hilfe die Grundlage der Technik gelegt werden konnte, die heute in jedem iPhone steckt. Ohne die abstrakte Quantenmechanik im Kopf könnte es kein konkretes iPhone in der Hand geben, wie noch erzählt wird, wenn es um die Digitalisierung geht, deren übermächtigen Entwicklung es sicher nicht geschadet hat, dass die Menschen um 1900 den Weg in die Abstraktion eingeschlagen und für gut und lohnenswert befunden haben.[10]

Übrigens – wer das Werden der modernen – digitalen – Welt verstehen und schildern will, wird bemerken, dass die ihrer Technik zugrunde liegende Physik erst selbst digital werden musste, um ihre historische Rolle spielen zu können. Genauer muss man sagen, dass die Quantenphysik Abschied von der Vorstellung nimmt, Atome könnten sich kontinuierlich wandeln und ihre Energie in einem stetigen Lichtstrom aussenden. Die neue Physik handelt von diskreten Ereignissen, in denen Quantensprünge stattfinden – oder nicht, was man in der Sprache der digitalen Welt als 1 (ein Sprung) oder 0 (kein Sprung) ausdrücken kann. Die Menschen konnten im 20. Jahrhundert die Welt nicht zuletzt deshalb so durchgängig digitalisieren, weil sie es in ihrem Inneren bereits ist, wie bereits ausführlich vorgestellt und erläutert wurde.

Die neue Physik mit den Quantensprüngen bekam eine erste brauchbare und lehrfähige Form in den 1920er-Jahren, als Funkausstellungen in Berlin das Publikum zum ersten Mal mit dem Fernsehen vertraut machten, dem im Folgenden die Aufmerksamkeit gelten soll. Wenn Rundfunk schon wissenschaftlich-technisch anspruchsvoll daherkommt, wird man nicht erwarten,

---

[10]Mehr dazu bei Ernst Peter Fischer, *Einstein trifft Picasso und geht mit ihm ins Kino,* München 2008.

dass Television einfacher geht. So überrascht nicht, dass allgemein gilt, was Frank Bösch in seiner „Mediengeschichte" durch den Satz ausgedrückt hat, „wie Film und Radio hatte das Fernsehen keinen einzelnen Erfinder". Der Historiker spricht von „zahlreichen locker vernetzten Einzelforschungen", die vor allem durch das Verlangen der Menschen geleitet werden, die man als Kunden zu gewinnen hoffte und deren urtümlichen Wünschen man sich anpassen musste.[11]

Nach dem Fernsprecher der Fernseher

Nachdem in der zweiten Hälfte des 19. Jahrhunderts Science-Fiction-Erzählungen die Idee eines Bildtelefons vorbereitet hatten und die Techniker anschließend versuchten, dem Publikum konkret audiovisuelle Tele-Kommunikation anzubieten, entwickelte der deutsche Ingenieur und Erfinder Paul Nipkow ein „elektrisches Teleskop", wie er es nannte und mit dem er eine Apparatur meinte, deren Zweck darin bestand, „ein an einem Ort A befindliches Objekt an einem anderen Ort B sichtbar zu machen". Fernsehen im Sinne des Wortes, zu dessen Realisierung er eine runde Scheibe konstruierte, in der spiralförmig 24 Löcher angeordnet waren, die den abzubildenden Gegenstand optisch abtasteten und in Bildpunkte zerlegten, die als elektronische Signale einem Empfänger zugeleitet wurden – den es allerdings anfänglich nur in nicht ausreichender Qualität gab. Es dauerte ein paar Jahre, bis es dem Briten John Logic Baird gelang, die Synthese der Bildsignale, die von der Nipkow-Scheibe eintrafen, in einem Empfangsgerät zufriedenstellend zu

---

[11]Bösch, a. a. O., S. 209.

bewerkstelligen. Baird entwarf im Anschluss an diesen Erfolg gleich ein komplettes Fernsehsystem, mit dem er 1928 Bilder von London nach New York schicken konnte, und die Presse, das damalige Hauptmedium, sprach davon, „Wir stehen am Anfang eines neuen Zeitalters, in dem das mechanische Auge [einer Kamera] alle großen Ereignisse für uns betrachten und ins Haus liefern kann".[12]

„Von Anfang an verfolgten die Sender das Ziel, das Fernsehen als Erweiterung sinnlicher Teilhabe an der Welt" und einen „neuen kommunikativen Modus des öffentlichen 'Dabei-Seins'" zu etablieren, wie Kathrin Fahlenbrach es in der bereits zitierten Mediengeschichte ausdrückt. Sie führt dafür die Überzeugung von Adolf Grimme an, der als Generaldirektor des NWDR (Nordwestdeutschen Rundfunks) geschrieben hat:

„So hat uns denn die Technik jene kunstvolle Schale geliefert, die sich fortan alltäglich mit dem bunten Weltgeschehen füllen wird." Und Grimme fügt hinzu: „Das Schicksal der Anderen wird künftig mitten in unserer eigenen Stube stehen, und das Fernsehen kann so aus dem Entfernten unseren Nächsten machen."[13] Doch was zum einen beim ersten Lesen oder Hören sofort und leicht einleuchtet und optimistisch nach einem möglichen Weltfrieden klingt, konnte in der öffentlichen Debatte auch Ängste auslösen, da sich die Menschen auf dem Bildschirm auch einen „Big Brother" vorstellen konnten, wie George Orwell ihn in seinem 1948 erschienenen Roman *1984* auftreten und das Leben der Menschen einer vollständigen Überwachung unterwerfen lässt. Merkwürdigerweise verflogen diese Ängste genau im Jahre 1984, wie

---

[12]Zitiert bei Fahlenbrach, a. a. O., S. 239.
[13]Zitiert bei Fahlenbrach, a. a. O., S. 240.

etwas weiter unten erläutert wird, nachdem eine andere historische Entwicklung der Technik in den Blick genommen worden ist.

Wirklich entscheidend für die Verwandlung der ersten Fernsehtechniken in ein Massenmedium, in dem auch ein Big Brother seinen Auftritt haben konnte, war der Einsatz von Kathodenstrahlen, die durch Hochspannung in Vakuumröhren erzeugt werden konnten, was ursprünglich reine Grundlagenforschung darstellte. Dann bemerkte man, dass es möglich war, in diesen empfindlichen Glasbehältern einen Strahl aus Elektronen mithilfe von elektrischen und magnetischen Feldern so auf eine Leuchtstoffschicht zu lenken, dass dabei Spuren sichtbar wurden, die sich zu immer neuen bewegten Bildern zusammenfügen ließen, wie sie ein Film zeigte. Die Fachwelt sprach bald von einer Braun'schen Röhre, die dies ermöglichte. Sie wurde nach Ferdinand Braun benannt, der sie noch im 19. Jahrhundert konzipiert hatte, bevor sie ab 1925 in einem Fernsehgerät als Bildschirm eingesetzt wurde, und zwar zum ersten Mal nicht in Europa oder Amerika, sondern in Japan. „Den weltweit ersten regelmäßigen Fernsehbetrieb startete 1935 [dann aber] das nationalsozialistische Deutschland", um vor den Briten und „vor der Berliner Olympiade seine Modernität zu zeigen", wie der zitierten Mediengeschichte von Frank Bösch zu entnehmen ist. Sie weist auch darauf hin, dass das Fernsehprogramm anfänglich nur etwa zwei Abendstunden ausfüllte und selbst in Berlin im Jahre 1937 keine 100 Fernsehgeräte zu finden waren, die in „Fernsehstuben" aufgestellt waren, um die sich die Menschen scharen konnten. So erreichte man immerhin 10.000 Zuschauer, eine Zahl, die nur wachsen konnte.

In den folgenden Jahrzehnten der Entwicklung erfüllte die Television das, was man ein Partizipationsversprechen nennen kann, nämlich für viele Menschen den Zugang zu

Ereignissen zu öffnen, von denen sie zuvor ausgeschlossen und den Eliten vorbehalten waren. Das Fernsehen bot ein „Fenster zur Welt", durch das man vom eigenen Sofa aus blicken konnte, wobei von Anfang an auffiel, dass Menschen mit geringer Schulbildung länger vor dem TV-Gerät verbrachten. So wie die Kommunikationsmedien die Menschen nicht zusammenführten, sondern eher trennten und dann auch vereinsamen ließen, wie Kafka meinte konstatieren zu müssen, so hob das Fernsehen eine Wissenskluft in der Gesellschaft nicht auf, sondern förderte sie im Gegenteil, da es vor allem Menschen mit hohem Bildungsstandard waren, die von dem Massenmedium profitierten, weil sie besser wussten, was sie suchten und ihrem Wissen hinzufügen konnten.

Übrigens – das Partizipatorische des Fernsehens fand seine Fortsetzung bald in der Interaktivität des Internets, mit dem ein Verbund von Computern gemeint ist, die seit den späten 1960er-Jahren in einem Netz miteinander kommunizieren können und dies seit 1990 kommerziell durchführen. Und wie beim Fernsehen gelingt es dem Internet nicht das zu erreichen, wofür es steht, nämlich eine interaktive Vernetzung der Menschen an ihren Maschinen. Das Internet erweist sich als Medium der privaten Vereinzelung, da sich die Menschen nicht mehr zu persönlichen Gesprächen treffen, sich dafür aber zu einem virtuellen Austausch am Computer – oder am iPhone – verabreden. Mediengeschichtlich ist dies nicht überraschend, denn „neue Medien starteten meist mit einer gemeinsamen Nutzung an bestimmten Orten, bevor sich eine private Aneignung durchsetzte", wie Frank Bösch anmerkt.

Zurück zum Fernsehen, das sich zu einem echten Massenmedium zuerst in den Mutterländern der Demokratie und der Popkultur entwickelte, wobei es vor allem die USA mit ihrer starken Wirtschaft war, in der sich der

TV-Konsum verbreitete. Als in Europa im Jahre 1952 noch Testprogramme liefen, saßen in Amerika bereits fast 20 Mio. Zuschauer vor den Bildschirmen, in denen Sendungen immer wieder durch Werbespots unterbrochen wurden, was sich die Konsumenten gefallen ließen, da auf diese Weise keine Gebühren anfielen und man folglich kostenlos unterhalten wurde. Damals kam der Spruch auf, *„The World watches the US, and the US watches Television"* („Die ganze Welt schaut auf die USA, und die USA schaut auf den Fernsehapparat"), was zu verstehen erlaubt, warum der derzeitige US-Präsident vor allem fernsieht und am liebsten sich selbst auf dem Bildschirm bewundert. Die Welt verschwindet im Medium, das keine Botschaft mehr sendet, die Menschen angehen oder gefallen könnten.

1969 hat tatsächlich nicht nur die amerikanische Bevölkerung, sondern die ganze Welt vor den Fernsehapparaten gesessen, als die USA die Mondlandung gezielt mit einer globalen TV-Ausstrahlung koppelten, um die Modernität und Überlegenheit ihres Landes zu demonstrieren, wobei man sich schon zuvor – ab 1965 – durch eine zunehmende Zahl von Nachrichtensatelliten eine „globale medientechnische Vorherrschaft" gesichert hatte, um die man nach dem Sputnik-Schock von 1957 mit allen Kräften bemüht war. Die Erzählung hat damit die 1960er-Jahre erreicht, in deren Mitte erstens immer mehr Welt Einlass in die Computer fand und in der zweitens immer mehr Computer auf immer mehr Schreibtischen der Welt Platz fanden. Damals wurde geschaffen und für das Leben wichtig, was man heute den digitalen Raum nennt und was man als einen virtuellen Ort auffassen kann, der nicht in Wirklichkeit vorhanden ist, sondern der in den elektronischen Rechengeräten angelegt ist und dort die Möglichkeit schafft, Daten und Informationen zu speichern und zu verwalten. Die reale Welt wird seitdem vermehrt im digitalen Raum organisiert, simuliert und geplant, und wer sich damals für die Raumfahrt interessierte – hier ging es um den realen Raum im Kosmos und seine Eroberung – und sich dazu im Fernsehen informieren wollte, konnte das mit Computern randvoll bestückte „Mission Control Center" der amerikanischen Raumfahrtbehörde NASA im texanischen Houston bewundern, das einer historischen Betrachtung als Modell der rechnergestützten Kultur der 1960er-Jahre dienen kann. „In Houston entstand ein Ort, an dem die Synchronisierung der Welt mit dem Überwachungs- und Kontrollraum des Computers exemplarisch und zukunftsweisend durchgespielt wurde", wie David Gugerli in seinem Buch über die Entstehung der digitalen Wirklichkeit schreibt, dem später noch mehr Aufmerksamkeit gewidmet wird.[14] Dabei gilt zu beachten, dass die Computer bis in die 1980er-Jahre kaum als Teil der Medienwelt angesehen und bestenfalls als „Elektronengehirne" zur Kenntnis genommen wurden, mit denen sich komplexe Berechnungen ziemlich leicht durchführen ließen – seit 1969 übrigens auch auf den ersten Taschenrechnern, die damals von Unternehmen wie Texas Instruments oder Hewlett Packard auf den Markt gebracht wurden und die sich so handhaben ließen wie heute das Handy. Diese Instrumente verfügten nur über eine Zahlenanzeige und noch nicht über die Bildschirme, die sogenannten Heimcomputern erst in den 1980er-Jahren verpasst wurden, was sie dann gleich, wie den Spielcomputer Commodore 64, bis in die Kinderzimmer hineinbrachte. Der C64 verkaufte sich millionenfach und ließ – fast ist man geneigt, hier das Wort „kurioserweise" einzufügen –, die Ängste an Orwells

---

[14]Gugerli, a. a. O., S. 89.

Big Brother in den gesellschaftlichen Hintergrund treten. Wie sollte einem auch ein Spielzeug Sorgen bereiten?

Noch in den 1970er-Jahren konnte sich kaum jemand vorstellen, „dass Computer als Medien der privaten und öffentlichen Kommunikation breite Verwendung finden würden", wie Frank Bösch in seiner „Mediengeschichte" schreibt.[15] Aber dann trafen sich zum Beispiel in San Francisco Hobbybastler und Elektronikenthusiasten, um sich über Bauteile, elektronische Schaltungen und Anleitungen zum Bau von Computergeräten auszutauschen und dabei insgesamt die Entwicklung des persönlichen Computers, des PC, einzuleiten, wie man im historischen Rückblick sagen kann. Zwar wurde solch ein Gerät von der Industrie zunächst noch als absurd abgetan, aber nichts ist bekanntlich mächtiger als eine Idee, deren Zeit gekommen ist. Die Digitalisierung war diese Macht, und sie machte sich auf ihren Weg durch die Institutionen.

---

[15]Bösch, a. a. O., S. 227.

4

Bits und Bytes – Der Durchbruch des Digitalen

Als das Telefon und das Fernsehen aufkamen, funktionierten die dazugehörigen Apparate analog, was so selbstverständlich war, dass niemand dieses Attribut in diesem Zusammenhang einsetzte. Wie sollten die genannten Geräte denn ihre medialen Aufgaben anders erfüllen als durch die Verarbeitung von Signalen, die sich kontinuierlich – oder stetig – wandeln konnten und dabei das taten, was man heute „analog" nennt und vom Digitalen unterscheiden möchte (wobei das Wort „analog" einen altgriechischen Ursprung aufweist und ursprünglich „verhältnismäßig" oder „entsprechend" meint – wenn man ruft, wird die Stimme „entsprechend" lauter). Was stetig und kontinuierlich verläuft, kann man leicht anschaulich machen: Eine Linie nennt man in der Geometrie oder auf einer Zeichnung stetig – oder kontinuierlich –, wenn man sie zeichnen kann, ohne den Bleistift abzusetzen. Einzelne – diskrete – Punkte hingegen lassen sich nur auf ein Blatt Papier setzen, wenn man mit dem Stift hüpft, wenn man

© Springer-Verlag GmbH Deutschland, ein Teil von Springer Nature 2020
E. P. Fischer, *Die Welt in deiner Hand,*
https://doi.org/10.1007/978-3-662-60726-8_4

mit ihm Sprünge macht, wie es Atome vermögen, deren Elektronen zu Quantensprüngen ansetzen und ihren Zustand ändern, wenn sie ihre Energie als Licht aussenden wollen.

Wenn ein Signal nicht durch eine glatte und kontinuierlich veränderliche Größe erfasst werden kann, sondern durch eine Folge von separierten Zahlen beschrieben werden muss, spricht man von einem digitalen Signal, wie es alle kennen, wenn sie eine Uhr betrachten, auf der die Zeit mit Ziffern, und nicht mit Zeigern angegeben wird. Solche digitalen Ziffernblätter kamen nach den analogen Varianten auf den Markt, bei denen die stetige, sich verschiebende Stellung der Zeiger verriet, wie viel Uhr – welche Uhrzeit – es ist. Beide Formen sind noch im Angebot, was unabhängig von den Uhren verständlich macht, dass Ingenieure Konverter ersonnen und hergestellt haben, mit deren Hilfe die verschiedenen Formen ineinander umgerechnet und umgeformt werden können. Das lichtempfindliche Display eines iPhones kann die kontinuierlich einfallenden Strahlen von Lampen und Sonnen in diskrete Daten überführen – es ist ein A-D-Wandler –, während ein normaler Fernsehbildschirm den körnigen (diskreten) Elektronenstrahl der Röhre in ein glattes (durchgängiges) Hell-Dunkel-Muster auf dem Bildschirm überführt und also als D-A-Konverter funktioniert, den man sich technisch nicht allzu trivial vorstellen sollte und der im Detail einige Raffinessen zeigt.

Der Triumph des Digitalen

Vermutlich hat sich schon jeder einmal gefragt, warum das Analoge wie die Schallplatten mit ihren Rillen bei der Wiedergabe von Musik fast verschwunden sind – wenn auch die alten Vinyl-Scheiben bei Liebhabern inzwischen wieder in Mode kommen –, während das Digitale triumphiert – in dem Fall die Compact Disc (CD) mit ihren Löchern zur Erzeugung dessen, was im *Zauberberg* „Fülle des Wohllauts" genannt wurde. Das Abspielen des Grammofons beginnt und endet – wie erinnerlich – mit dem unangenehmen Kratzen der Nadel, und damit kann das entscheidende Stichwort genannt werden, das digitale Signale ihren analogen Konkurrenten so überlegen macht. Das entscheidende Wort heißt „*noise*" im Englischen, was man mit „Lärm", „Krach" oder„Rauschen" übersetzen kann, wobei der Fachmann vom„störenden Rauschen" spricht, wenn etwas die zu sendenden oder empfangenden Signale beeinträchtigt – und was den träumenden Laien vielleicht traurig stimmt, der das stimmungsvolle Rauschen der Wälder weniger als ärgerlich empfindet und mehr als ein Erlebnis wahrnimmt. Leider gibt es im technischen Bereich wenig Platz für solche Gefühle, und so ist in diesen professionellen Sphären das Rauschen – *noise* – das, was einen Klang oder eine Stimme übertönen und manchmal auch unterdrücken kann und deshalb minimal zu sein hat. Wer einen digitalen CD-Player betreibt, weiß, dass die Musik anders als bei der analogen Schallplatte nicht nach dem ersten Kratzen der Nadel, sondern aus der Stille einsetzt, wenn ein Laserstrahl sein Werk beginnt und die Muster einer CD abtastet, um sie in elektrische Impulse zu verwandeln. Und in dieser möglichen Rauschunterdrückung findet man den wesentlichen Grund für den Triumph des Digitalen, nämlich in der Tatsache, dass störende physikalische Geräusche (Rauschen) den diskreten Signalen fast nichts anhaben und den digital versendeten Informationen kaum etwas wegnehmen können. Während analoge Signale bei einer Übertragung immer verwischter werden und allmählich im Rauschen unterzugehen drohen – „Musik wird oft nicht schön gefunden, weil sie stets mit Geräusch verbunden", wie Wilhelm Busch sarkastisch gedichtet hat –, werden digitale Signale nicht verzerrt und kann ihre Information nahezu unverändert erhalten und übermittelt werden.[1]

Wer an dieser Stelle ausführlich werden und mehr erklären möchte, müsste verschiedene Arten von Rauschen unterscheiden, von denen hier nur die bekannteste angesprochen wird, die man als „thermisches Rauschen" bezeichnet. Es kommt durch die schlichte Tatsache zustande, dass die Welt aus Atomen, Molekülen und ähnlichen Gebilden besteht, die permanent durch die Gegend sausen, aufeinanderprallen und prasselnd auf die Wände von Gefäßen treffen, um nur ein paar Beispiele der Unruhe auf dieser Ebene zu nennen. Bei diesem Herumsausen und Zusammenstoßen entsteht unvermeidlich das thermische Rauschen, das mit steigender Temperatur zunimmt, was dem Fachmann umgekehrt beweist, dass Materie tatsächlich aus diskreten Einheiten besteht, die durcheinander sausen, ohne jemals Ruhe zu finden, wenn man sich auch auf keinen Fall vorstellen sollte, dass dort kleine Kügelchen agieren und ihr Unwesen treiben.

Unabhängig davon: Die Existenz von beweglichen Atomen und ihren Teilen sorgt dafür, dass elektrischen Signalen in Empfängern ein Gewusel zugrunde liegt, das man früher in den ersten (analogen) Fernsehapparaten noch sehen konnte, wenn das Gerät nur eingeschaltet war, ohne dass eine Sendung ausgestrahlt wurde. Dann erblickte ein Zuschauer auf den Bildschirmen das, was man treffend als wirbelnden „Schnee" bezeichnete, und in diesen wackelnden und kreisenden Mustern zeigte sich das thermische Rauschen, das oben erläutert worden ist und

---

[1]Ken Steiglitz, *The Discrete Charm of the Machine – Why the World became digital,* Princeton 2019.

von Natur aus zu der Materie gehört, aus der selbst die wundervollsten iPhones bestehen.

Es gibt weitere Arten des analogen Rauschens, die hier nicht aufgeführt zu werden brauchen, um endlich die wesentlichen Vorteile digitaler Signale vorstellen zu können, zu denen die Experten ihre Standardisierung rechnen. Damit meinen sie, dass es möglich sei, trotz eines einlaufenden Signalpegels mit seinen Schwankungen – die äußere Welt kommt analog daher – eine registrierte Information einem von zwei vorgegebenen Messwerten zuzuordnen und damit klar als *ja* oder *nein, wahr* oder *falsch, an* oder *aus* oder eben *null* oder *eins* zu vermerken und speichern zu können. Mit dieser Aufzählung tritt die wesentliche Eigenschaft der digitalen Medien hervor, die so angelegt und eingerichtet sind, dass sie nur mit diskreten Werten (Angaben, Zahlen) operieren, was praktisch und konkret dann meist so durchgeführt wird, dass Ingenieure und Nachrichtentechniker das einfachste Schema wählen, und das ist eben das System, das mit nur zwei unterscheidbaren Kenngrößen auskommt. Sie heißen inzwischen „Bits“, wobei der Begriff längst auch im Alltag angekommen ist und hier fleißig benutzt wird. Gemeint sind – wie oben gesagt – Bits wie *null* und *eins* oder *ja* und *nein* oder *an* und *aus,* und das eingängige Wort „Bit“ leitet sich aus der korrekten Bezeichnung *„binary digit“* ab, was man als „Zweifingersystem“ übersetzen und sich auch so vorstellen kann. Anzumerken ist, dass zwar Bit am Anfang die Maßeinheit in der digitalen Technik angab, dass aber später in Bytes gemessen wurde, womit acht Bits gemeint sind. Wie sich nämlich im Laufe der Geschichte herausstellte, reichen acht Bits – also 2^8 und damit 256 Zeichen, um alle Zahlen, Buchstaben und Sonderzeichen codieren zu können, die das lateinische Alphabet, die arabischen Ziffern und viele Interpunktions- und Sonderzeichen ausmachen. Das englische „Byte“ klingt so wie *bite,* was einen

Happen meint, den man sich gönnt, und so wurde Byte die Speichermenge, die man seinem Computer gönnt – wobei die aktuellen Apparate ihren Speicherplatz mit Gigabytes und mehr angeben.[2]

Zurück zum *binary digit*. „Digit" leitet sich vom lateinischen *digitus* (Finger) ab, und binäre Zahlen lassen sich durch zwei Ziffern – eben 0 und 1 – darstellen – eine Eigenschaft, die den Philosophen und Mathematiker Leibniz am Ende des 17. Jahrhunderts faszinierte und überlegen ließ, ob hierin zum einen eine höhere Weisheit steckte und ob sich damit zum zweiten das Rechnen nicht einfacher automatisieren lassen könne als mit dem traditionellen Zehnersystem – wobei der Autor dieser Zeilen als Schüler immer gedacht hat, dass es die zehn Finger eines Menschen sind, die das Digitale ausmachen. So kann man irren.

Zurück zu dem Universalgenie Leibniz: Im allgemein gebräuchlichen Zehnersystem bedeutet die Ziffernfolge 111 einmal die 1, einmal die 10 und einmal die Hundert (10^2), also Einhundertelf. Im Dualsystem bedeutet die Ziffernfolge 111 etwas anderes, nämlich einmal die 1, einmal die 2 und einmal die 4 (2^2), also zusammen die Sieben, die Leibniz in seinem noch längst nicht säkularen Jahrhundert gerne mit Gottes Schöpfung und also mit der Trinität verknüpfte, die in 111 unübersehbar ist.

Die binären Zahlen blieben lange unbeachtet und erwachten erst aus ihrem historischen Schlaf, als der amerikanische Mathematiker und Elektrotechniker Claude Shannon im Jahre 1948 seine berühmte „Mathematische Theorie der Kommunikation" vorlegte und darin von den Bits sprach, mit denen er Nachrichten quantifizieren und

---

[2]Ernst Peter Fischer, *Information – Eine kurze Geschichte in fünf Kapiteln,* Berlin 2010.

deren Genauigkeit er bei ihrer Übertragung analysieren wollte.[3] Mit einem Bit meinte Shannon den Gehalt an Information, nach der man zwischen zwei gleich wahrscheinlichen Möglichkeiten auswählen kann, wobei er überhaupt angefangen hatte, über das Thema nachzudenken, seit er am Massachusetts Institute of Technology (MIT) gebeten worden war, sich um ein riesiges Rechenungetüm zu kümmern, das aus vielen Stangen und Rädern bestand und mit Lochkarten gefüttert wurde, um komplizierte Berechnungen – *computations* – auszuführen. Sie brauchte vor allem das Militär, um zum Beispiel vorhersagen zu können, wo Geschosse landen, wenn man sie abfeuert. Der Rechenkoloss versagte immer wieder seinen Dienst, weil Relais funktionsuntüchtig wurden und Schalter ihren „Geist aufgaben", und der noch nicht 30-jährige Shannon bekam den Auftrag, sich zu überlegen, wie die elektronischen Kreise mit ihren vernetzenden Gates stabilisiert werden könnten.

Die Logik der Schalter

Als er sich an diese Aufgabe machte, erinnerte sich der junge Ingenieur mit mathematischer Begabung an einen Kurs über Logik, den er zuvor belegt hatte und in dem das gelehrt wurde, was inzwischen als Bool'sche Algebra weltbekannt ist und in allen Computern steckt. Die Denkgesetze gehen auf den Engländer George Boole zurück, dessen Logik aus dem 19. Jahrhundert in den Maschinen genutzt wird, wie Shannon bald bemerkte, nachdem er angefangen hatte, sich um ihre Funktionsfähigkeit zu

---

[3]Jimmy Soni und Rob Goodman, *A Mind at Work – How Claude Shannon invented the Information Age,* New York 2017.

kümmern. Als er nämlich vor einem Elektronengehirn im Massachusetts Institute of Technology (MIT) bei Boston stand, fiel ihm auf, dass dessen Schaltkreise den schlussfolgernden Schritten ähnlich sahen, die Boole als logische Elemente des Denkens ausgemacht hatte.[4] Shannon sah zudem, dass sich die Gesetze der Bool'schen Logik auf Schalter übertragen ließen. Wenn man die elektronischen Anlagen entweder parallel oder in Serie schaltete, konnte eine damit ausgerüstete Maschine addieren, multiplizieren und sogar logische Aussagen bewerten – und mit einem Bit zwischen *richtig* und *falsch* oder *ja* und *nein* entscheiden, wie Boole bereits zu seiner Zeit notiert hatte.

Shannon schlug in den kommenden Jahren vor, die Logik des George Boole in Maschinen zu implementieren, um die Nachrichtenübertragung zuverlässiger zu machen, und wie der Gott der Geschichte es manchmal fügt – ein Jahr, bevor Shannons grundlegende theoretische Arbeit erschien, haben drei Physiker – John Bardeen, Walter Brattain und William Shockley – in den von der führenden amerikanischen Telefongesellschaft gegründeten Bell Laboratories das physikalische Schaltelement konstruiert, mit dem die Bool'sche Logik in die Maschine kommen kann und die Digitalisierung ihren Triumphzug beginnen sollte. Gemeint ist der Transistor, dessen Erfindung auf das Jahr 1947 datiert wird, der bei aller physikalischen Raffinesse – mehr dazu gleich – vor allem wie ein Ventil wirkt, sodass einlaufende Signale – Inputs – auslaufende Signale – Outputs – lenken können, ohne von diesen beeinflusst zu werden. Dadurch können die Abläufe in der Maschine kontrolliert werden und in eine Richtung vor sich gehen und nicht aus dem Ruder laufen.

---

[4]Martin Burckhardt, *Eine kurze Geschichte der Digitalisierung*, München 2019, S. 65 und 74.

Der Transistor ist natürlich nicht nur ein Ventil, sondern vor allem ein Verstärker von elektrischen Impulsen, und er löste die alten Vakuumröhren ab, die in Telefonleitungen eingebaut worden waren, um hier die Signale zu verstärken und Ferngespräche über weite Entfernungen zu ermöglichen, die diesen Namen verdienten. Transistoren setzten sich deshalb gegen die aus dem 19. Jahrhundert stammenden Vakuumröhren durch, weil sie alle Vorteile in sich vereinigten, die man sich denken konnte: Sie kommen mit weniger Energie aus, sie sind sehr viel weniger störanfällig, sie bleiben kühl, sie können in extrem winziger Form hergestellt und deshalb in Riesenmengen auf kleinstem Raum gepackt werden und dort agieren, was sie seit den 1950er-Jahren auch in den Wunderwerken tun, die seitdem Mikrochips heißen. Transistoren haben die Elektronik der Nachkriegszeit vollständig revolutioniert, sie machen all die digitalen Wunderwerke möglich, die Menschen heute in ihren Händen halten. Sie sorgen auf diese Weise für Milliardenumsätze der Weltwirtschaft – und trotzdem will der gebildete Deutsche von ihnen und der zugrunde liegenden Wissenschaft nahezu nichts wissen. Er winkt ab, wenn man anfängt, von den Halbleitern zu sprechen, aus denen ein Transistor besteht, oder wenn man auf das physikalische Verhalten der Elektronen in den entsprechenden Kristallen eingehen will. Der gebildete – besser vielleicht: der eingebildete – Deutsche möchte die Kuh bleiben, die er ist und die das technische Zeug mit Wohlbehagen nutzt, ohne sich an ihrer Ignoranz zu stören. Der literarisch längst nicht so ungebildete Zeitgenosse denkt, dass Transistoren so unappetitlich zustande gekommen sind wie Dampfmaschinen. Man probiert halt mit schmuddeligen Fingern so lange mit dreckigen Stangen herum, bis etwas klappt. Aber da wäre man beim Transistor keinen Millimeter weit und nicht einmal in seine Nähe gekommen. Menschen konnten das Zauberding in den Chips der iPhones nur entwickeln, weil sie in den Jahrzehnten zuvor die Quantenmechanik mit ihren merkwürdigen Vorhersagen über die Eigenschaften von Atomen und ihren Teilen nicht zuletzt in Festkörpern (Kristallen) entworfen haben. Ohne diese Theorie der Materie gäbe es keine Praxis des Transistors, und ohne dieses Schaltelement gäbe es keine Chance auf ein iPhone, und Leute wie Steve Jobs und Bill Gates hätten ihr Geld woanders als in der IT Branche verdienen müssen. Wer über die Gegenwart im Bilde sein will, sollte nicht nur einen Blick auf sein iPhone, sondern auch auf das verstärkende Ventil namens Transistor werfen, das 1947 zum ersten Mal funktionierte und seitdem die Welt massiv verändert hat. Vielleicht lässt sich dabei insgesamt ein größerer Zusammenhang erkennen oder wenigstens erahnen.[5]

Im Tal der Halbleiter

Für einen Physiker besteht ein Transistor aus Halbleitern, was auf der einen Seite das aktuelle Interesse der Allgemeinheit wecken könnte, da das Element Silizium solch ein Halbleiter ist und das berühmte Silicon Valley nach ihm benannt ist, in dem derzeit die Zukunft der digitalen Gesellschaft entworfen wird. Wie es dort mit wem und wann angefangen hat und weitergegangen ist, kommt zur Sprache, wenn der Transistor funktioniert. Das Wort „Halbleiter" klingt auf der anderen Seite eher abweisend und langweilig, denn was soll man mit einem Stoff anfangen, der sich nicht entscheiden kann, ob er Strom leitet oder nicht. So dachten die Physiker jedenfalls

---

[5]Zum Transistor siehe Ken Steiglitz, a. a. O., Martin Burckhardt, a. a. O., Ernst Peter Fischer, a. a. O. und viele andere Bücher.

im 19. Jahrhundert, bis ihre Kollegen im 20. bemerkten, dass solch ein Zwitterwesen genau die zwei Zustände einnehmen und sogar plötzlich zwischen ihnen wechseln kann, die eine binäre Logik braucht. Das heißt, ihre für die digitale Welt benötigte Dualität konnte man Halbleitern wie Silizium zudem sehr präzise vermitteln, nachdem die Quantenmechaniker verstanden hatten, wie ein einzelnes Atom dieses Elements aufgebaut ist, was ohne die neue Physik mit ihren Seltsamkeiten nicht möglich gewesen wäre.

Siliziumkristalle bestehen natürlich aus Siliziumatomen, an deren Oberfläche vier Elektronen umhersausen, wie sich heute einfach sagen lässt, wie die Physik aber erst – wie den Aufbau des gesamten Periodensystems der Elemente überhaupt – verstehen konnte, nachdem der 1945 mit dem Nobelpreis ausgezeichnete Wolfgang Pauli bemerkt hatte, dass für Elektronen ein sogenanntes Ausschließungsprinzip gilt. Wer den dazugehörenden Gedanken korrekt wiedergeben möchte, muss die vier Quantenzahlen einführen, mit denen Objekte im atomaren Bereich erfasst werden, um dann Paulis Prinzip mit den einfachen Worten ausdrücken zu können, dass Elektronen in einem Atom nicht in allen vier Quantenzahlen übereinstimmen dürfen. Welcher physikalische Mechanismus oder welche natürliche Kraft für dieses Verhalten zuständig ist, bleibt ein Geheimnis, aber Paulis Idee funktioniert, was in einfachen Worten bedeutet, dass Elektronen sich antisozial verhalten und in der Gemeinschaft des Atoms für sich bleiben und alleine durch die Innenwelt ziehen.

Das Ausschließungsprinzip wird noch genauer betrachtet, aber an dieser Stelle muss die Auskunft reichen, dass mit seiner Hilfe verstanden werden kann, wieso ein Siliziumatom an seiner Oberfläche vier Elektronen aufweist, während es bei einem Aluminiumatom zum Beispiel drei und bei einem Phosphoratom fünf sind. Diese Elemente spielen alle eine Rolle, nämlich dann, wenn sie in einen Kristall aus Silizium eingebaut werden und ihn auf diese Weise dotieren, wie man im Jargon der Physiker sagt. In dem Kristall aus reinem Silizium passiert zunächst nichts, da dessen vier Außenelektronen sich nicht von ihrem Platz lösen und also keinen Stromfluss ausbilden können. Das wird anders, wenn man Silizium gegen ein Atom mit fünf Elektronen auf der Außenbahn – wie zum Beispiel Phosphor – austauscht und einen Kristall mit vielen solchen fünfwertigen Gebilden ausstattet, eben dotiert. In dem Fall wird eines seiner Hüllelektronen beweglich und alle zusammen können zu einem Strom führen, wenn eine Spannung angelegt wird. Wenn umgekehrt ein dreiwertiges Atom in einen Siliziumkristall eingebaut wird – zum Beispiel Aluminium –, dann fließt auch ein Strom bei angelegter Spannung, nur dass sich diesmal nicht ein überzähliges Elektron, sondern das freigewordene Loch als positive Ladung bewegt – wie ein freier Sitzplatz in einer Reihe, der sich verschiebt, wenn die dort sitzenden Zuschauer ihren Platz wechseln und nachrücken. Wenn es pro eingeschleustem Atom ein (negatives) Elektron zu viel gibt, spricht man von einem n-dotierten Halbleiter, und wenn pro eingefügtem Atom ein (positives) Loch entsteht, spricht man von einem p-dotierten Halbleiter, und wenn man beide in Form einer n-p-Zone miteinander verbindet, passiert etwas Sonderbares: Während die Atome im Kristall, die entweder ein Elektron abgeben oder ein bewegliches Loch entstehen lassen, selbst an ihren Plätzen bleiben, brechen die negativen Teilchen und positiven Löcher aus der Verbindungszone aus und lassen dort einen Bereich ohne Ladungsträger entstehen.

Das eigentliche Wunder ereignet sich, wenn man unterschiedlich dotierte Halbleiter in mehreren Schichten anordnet und zum Beispiel einen n-p-n-Transistor baut, wobei die mittlere Schicht sehr dünn gehalten wird.[6] Wie erläutert, entsteht sowohl an dem n-p- als auch an dem p-n-Übergang eine Region ohne Ladungsträger, die keinen Stromfluss erlaubt, was den Transistor im Modus „aus" sein lässt. Wird nun an die mittlere Schicht eine Spannung angelegt und werden mit ihr Elektronen in die entleerten Bereiche gelockt, kann Strom fließen, und der Transistor ist auf „ei"n geschaltet. Das ganze Konstrukt stellt also ein Ventil für den Stromfluss dar, und wie die Experten versichern – zum Beispiel Ken Steiglitz in seinem Buch über *„The Discrete Charm of the Machine"* – *„the valve is really all you need to build a computer"* – braucht man nur ausreichend viele Ventile, um Computer zu bauen. Das heißt, man muss sich weiter auch in der Logik auskennen und darüber hinaus auch daran denken, hierarchische Schichten zu konstruieren. Aber wenn überall geeignete und ausreichend viele Ventile in Form von Transistoren als n-p-n-Reihungen angebracht sind und sie ihre logischen Operationen á la Boole ausführen lässt, kommt man der gewünschten Maschine schon ziemlich nahe – technisch jedenfalls, bleibt nur noch die Frage, was man mit ihr machen oder ausrechnen möchte.

Wer genauer schildern will, wie die Physiker Bardeen, Brattain und Shockley den ersten Transistor nach einigen Fehlschlägen hinbekommen haben, muss ihnen auf vielen Umwegen folgen und vergebliche oder irrführende Ansätze vorstellen, was hier unterbleiben soll, um die gesamte Geschichte der Digitalisierung voranzubringen und auch endlich im Silicon Valley anzukommen. Diesen Schritt vollzog der Dritte im Bunde, William Shockley, der offenbar als Einziger des Trios etwas von den kommenden kommerziellen Möglichkeiten der gemeinsamen

---

[6]Siehe hier Steiglitz, a. a. O., S. 57.

Erfindung geahnt hat, die in den frühen 1950er-Jahren zunächst nur dazu geführt hatte, dass Menschen Musik aus einem Transistor-Radio empfangen konnten, in dem die alten Röhren durch die neuen Transistoren ersetzt worden waren, was handlichere Geräte mit besserem Empfang lieferte. 1955 gründete Shockley dann das nach ihm benannte Semiconductor Laboratory im Silicon Valley und damit „das erste Unternehmen, welches elektronische Bauelemente wie Transistoren auf der Basis des heute allgemein üblichen Halbleiterwerkstoffs Silicium entwickelte", wie die Auskunft bei Wikipedia unter diesem Stichwort lautet.

Das Pauli-Prinzip

Bevor hier die Dynamik der Digitalisierung endgültig ihren kalifornischen Schwung bekommt und Silicon Valley zum mächtigsten Tal der Welt wird, soll aber noch einmal die Quantenmechanik als grundlegende Wissenschaft des Transistors zur Sprache kommen und ein erstaunlich tiefer innerer Zusammenhang vorgestellt werden, über den sich nachzusinnen auch dann lohnt, wenn man meint, der Physik nicht viel abgewinnen zu können. Selbst wer nicht unbedingt als Zahlenmystiker auftritt, kann nicht übersehen, dass die Zwei – das Duale, das Polare, das Digitale – in der Physik eine herausragende Rolle spielt. Wenn das Pauli-Prinzip die Elektronen als antisoziale Partikel ausweist, dann kann sich jeder denken, dass es auch soziale Teilchen geben muss. Es sind die des Lichts, die Albert Einstein bereits 1905 aufgespürt hat und die in der Fachwelt als „Photonen" bezeichnet werden. „Sozial" meint in diesem Fall, dass die Lichtteilchen in Massen auftreten und auf diese Weise die Strahlen der Sonne oder das Leuchten von Lampen herbeiführen können. Photonen unterliegen nicht dem Pauli-Prinzip, was daran liegt, dass diese Gebilde anders als die Elektronen einen ganzzahligen Spin haben, wie man korrekt sagen kann. Das Wort „Spin" ist zwar aus dem Alltag bekannt – ein Tennisball kann mit Spin geschlagen werden und dann eine Eigenrotation ausführen, was sein Aufprallen schwieriger berechenbar macht –, aber als physikalische Eigenschaft von Mitspielern auf der Bühne der Atome ist damit nur eine „klassisch nicht beschreibbare Zweiwertigkeit" gemeint, wie erneut Wolfgang Pauli geschrieben hat, dem die Welt die Einführung des quantenmechanischen Spins verdankt, zum Ausschließungsprinzip, das niemand unterschätzen sollte. Es macht nämlich „unsere Welt möglich", indem es dafür sorgt, dass Materie nicht beliebig zusammengepresst werden kann und ihre bekannte Ausdehnung bekommt.[7]

Eine „klassisch nicht beschreibbare Zweiwertigkeit" als Grundeigenschaft der Welt auf der atomaren Bühne in ihrem Innersten – da scheint sie erneut auf, die Zahl Zwei, die sich natürlich auch zeigt, wenn man positive von negativen Ladungen oder beim Magnetfeld den Nord- vom Südpol unterscheidet, wobei die seltsamste Dualität der Physik bislang noch ausgespart geblieben ist. Gemeint ist Einsteins Einsicht, dass Licht auch aus Teilchen – den Photonen – besteht, die er 1905 der im 19. Jahrhundert als Gewissheit vertretenen Überzeugung entgegenhielt, dass sich die Strahlen der Sonne als Lichtwellen bewegen, wenn sie zur Erde kommen und hier gebeugt oder gebrochen werden. Doch Licht kann nur als duale Erscheinung verstanden werden, die sich sowohl als Welle als auch als Teilchen zu erkennen gibt, was man als

---

[7]Ernst Peter Fischer, *Brücken zum Kosmos – Wolfgang Pauli zwischen Kernphysik und Weltharmonie*, Lengwil (CH) 2004.

seine „Komplementarität" bezeichnet. Welle und Teilchen sind in diesem Sinne komplementäre Aspekte des Lichts, da sie in der Tiefe zusammengehören, obwohl sie an der Oberfläche im Widerspruch zueinander stehen.

Und wie man jetzt fast vermutet oder schon weiß: Nachdem die Physiker den Teilchencharakter von Lichtwellen bemerkt hatten, fiel ihnen auch der Wellencharakter der Elektronen auf, obwohl man deren Masse bestimmt hatte und in ihnen nichts anderes als kleine Kügelchen sah. Heute beweist sich das Wellenförmige der Elektronen in jeder elektronenmikroskopischen Aufnahme, mit der zum Beispiel Zellstrukturen sichtbar gemacht werden. Übrigens – in dem Paar aus Photon und Elektron zeigt sich eine weitere Zweiteilung, die des Materiellen und Immateriellen, die man zudem bis in die gedankliche Höhe des Körperlichen und Geistigen verfolgen könnte, die der französische Philosoph René Descartes im 17. Jahrhundert als *„res extensa"* und *„res cogitans"* getrennt und was sich in dieser Form bis heute gehalten hat.

Die digitale Welt

Eine digitale Welt, wohin man schaut: Welle und Teilchen beim Licht, soziale und antisoziale Partikel dank einer klassisch unbegreiflichen Zweiwertigkeit, positive und negative Ladungen, abstoßende und anziehende Kräfte, zwei Polaritäten eines Magnetfeldes, Innen und Außen, und wer mit dieser Aufteilung fortfahren will, kann dem Addieren das Subtrahieren, dem Multiplizieren das Dividieren, dem logischen UND das logische ODER an die Seite stellen und auf jeden Fall einem JA ein NEIN gegenübertreten lassen. Nicht nur ist die Welt zweigeteilt von ihrem inneren Grund auf, die Entwicklung der Wissenschaft beginnt auch mit einer äußeren Zweiteilung, in dem das beobachtende Ich sich aus der zu beobachtenden Welt ablöst und als Subjekt seinem Objekt gegenübertritt. Die Welt wird im Wortsinne zum Gegenstand, sie wird zu einem dem Ich Gegenüberstehenden erklärt, aber diese im 17. Jahrhundert eingeführte Trennung ging nur solange gut, bis sich die Physiker im 20. Jahrhundert den Atomen im Innersten der Welt zu nähern begannen und dabei bemerkten, dass sich die Dinge – das Reale – zuletzt auflösten und die Menschen nur auf sich und ihre eigenen Hervorbringungen – ihre Spuren und Formen – trafen. Im Innersten der Welt fand man Gebilde, die man nur als Lösungen von mathematischen Gleichungen erfassen konnte und die in dieser Form wirkten, also Wirklichkeit annahmen und darstellten. Materialisierter oder verkörperter Geist, wenn man so will, was man auch zu einem iPhone sagen kann. Dabei kann einem einfallen, was Goethe einmal in einem rätselhaften Gedicht ein „öffentlich Geheimnis" genannt und durch die Ansicht eingeleitet hat: „Nichts ist drinnen, nichts ist draußen, denn was innen, das ist außen."

Als Goethes *Faust* im frühen 19. Jahrhundert wissen wollte, was die Welt im Innersten zusammenhält, hat er es mit Magie versucht und also Kontakt mit dem Teufel aufgenommen. Der Teufel und der liebe Gott, sie stellen – was sonst? – erneut eine Dualität oder Komplementarität dar, wobei der erwähnte Pauli die Ansicht vertreten hat, dass in dem schönen Wort „Zweifel" der Teufel unüberhörbar ist, der dem Göttlichen überhaupt erst Dynamik und ihm damit Beine macht. Doch bevor diese Abschweifung jetzt aus der konzeptionellen Kurve getragen wird, kehrt der Text in die konkreten 1950er-Jahre in das aufblühende Silicon Valley zurück, wo es in Shockleys Unternehmen allerdings ziemlich turbulent zuging. Der Chef erwies sich als unangenehmer

Zeitgenosse, der sich kurzfristig mit vielen seiner Mitarbeiter überwarf, die sich daraufhin selbständig machten und erfolgreiche neue Unternehmen wie Fairchild Semiconductor gründeten, und der langfristig immer skurriler wurde, sich unter anderem als Samenspender in Fruchtbarkeitskliniken anpries und in öffentlichen Auftritten an Universitäten den rassistischen Nachweis zu führen versuchte, dass Menschen mit schwarzer Hautfarbe genetisch minderbemittelt zur Welt kommen.

Die abtrünnigen Wissenschaftler bei Fairchild steckten derweil voller visionärer Pläne, zu denen zum Beispiel die Idee gehörte, Transistoren in integrierten Schaltkreisen zu vereinen, was bis zum Jahre 1960 gelang und sofort die Mitarbeiter der NASA elektrisierte, die hier die große Chance sahen, ihre mächtigen Gefährte für die Raumfahrt mit geeigneter Elektronik auszustatten, die in Zukunft immer leichter und leistungsfähiger werden würden. Als sich einer der Mitgründer von Fairchild Semiconductor, der als Chemiker ausgebildete Gordon Moore, im Jahre 1965 Gedanken über die kommende Entwicklung der Halbleiterindustrie machte, entwickelte er den Vorschlag, der heute als das Gesetz von Moore weltweite Berühmtheit erlangt hat.[8] Es sagte voraus, dass die Zahl der Komponenten, die sich in einen integrierten Schaltkreis einbauen lassen, sich in jedem Jahr verdoppeln lässt, was sich zum einen bis in die Gegenwart bestätigt hat und was zum zweiten zwar harmlos klingt, aber immense Zahlen nach sich zieht, selbst wenn die offizielle (korrigierte) Fassung des Moor'schen Gesetzes statt des einen Jahres achtzehn Monate nennt. Verdoppeln fängt zwar langsam an – 2, 4, 8, 16, 32, 64 und so fort, wird aber bald rasant, denn nach 16 Jahren liegt man schon bei 2^{16} und damit über 65.000 – so viele

---

[8]Ausführlich dazu Steiglitz, a. a. O., S. 68 ff.

Komponenten umfasste ein integrierter Schaltkreis im Jahre 1975 – und weitere vier Jahre später überschreitet man mit 2^{20} die Millionengrenze, wobei sich die Zahlen inzwischen längst auf die 100 Mrd. zubewegen, die übrigens auch angibt, wie viele Neuronen in einem menschlichen Gehirn verschaltet und verwoben sind. Möglich geworden ist diese unglaubliche und anhaltende Steigerung durch die Entwicklung und den Einsatz von fotolithografischen Verfahren, bei denen zuletzt ein lichtempfindlicher Lack in eine lithografische Maske überführt wird, die durch chemische Prozesse wie Ätzen weiterverarbeitet werden kann. Natürlich fragen Fachleute wie auch Laien sofort, wo denn die Grenze des Moor'schen Gesetzes liegt, und wer an dieser Stelle seriös Auskunft geben will, muss erneut zurück in die Entstehung der Quantenmechanik in den 1920er-Jahren. Damals konnte der junge Werner Heisenberg das berühmte Prinzip der Unschärfe ableiten, das auch als Unbestimmtheitsrelation bekannt ist. Es besagt, dass dann, wenn immer höhere Energien von Licht eingesetzt werden – Strahlen mit höheren Frequenzen –, es immer schwieriger und zuletzt unmöglich wird, den genauen Ort ihrer Wirkung – die fotolithografische Ätzung – zu kennen, was dem Verfahren eine Grenze setzt. Das heißt, es ist wie immer: Wenn Menschen eine Grenze sehen oder auf sie stoßen, setzen sie alles daran, sie zu überwinden, und die Physiker versuchen in diesen Tagen so etwas wie Nanotransistoren mit Kohlenstoffröhrchen zu bauen, was hier nur erwähnt und nicht ausgeführt wird.[9]

Übrigens: Hinter der skizzierten Heisenberg-Grenze steckt die weiter oben erwähnte Rolle, die einem Subjekt im Bereich des atomaren Geschehens zukommt. Da zum

---

[9]Gage Hills et al., *Modern microprocessor built from complementary carbon nanotube transistors,* Nature Band 572, August 2019, S. 588 und 595.

Beispiel ein Elektron Welle und Teilchen zugleich sein kann, bleibt sein konkretes Sein unbestimmt, solange niemand danach fragt, welches es angenommen hat. Wenn ein Beobachter eingreift, legt seine Messung fest, was das Elektron ist. Was vorher unbestimmt war, wird nun bestimmt, das Elektron zum Beispiel als Welle, was aber zugleich bedeutet, dass sich sein Ort dem Zugriff entzieht, denn es ist jetzt kein Teilchen mehr. Eine Welle ist im Raum verteilt und nicht in einem Punkt, was zwar sehr theoretisch oder gar philosophisch klingt, was aber trotzdem höchst konkrete Auswirkung bei Transistoren mit sich bringt. Bei der zunehmenden Miniaturisierung werden die Schalter nämlich so klein, dass sich Abweichungen bemerkbar machen, die wellenförmige Elektronen von ihren vorgesehenen Wegen ablenken. Gemeint ist, dass sie eine Tunnelbewegung ausführen können, wie man sagt. Dabei kommt höchst praktisch ihre Wellenqualität zum Tragen, die es ihnen erlaubt, auch solche Bereiche der im Transistor eingesetzten materiellen Bauelemente zu erreichen, die ihnen als Teilchen verwehrt wären. Die Physiker sprechen dabei vom Tunneleffekt, weil die Elektronen dabei unter Energiebarrieren hindurchschlüpfen, um ins Freie zu kommen, wie es etwa bei einem radioaktiven Zerfall passiert. Dies wäre ihnen verwehrt, wenn sie nur als Teilchen existierten und sich nach klassischen Vorstellungen bewegen würden.

Musik abtasten

Trotz dieser quantenphysikalischen Grenzen sollte niemand erwarten, dass es zu einem Ende des Fortschritts kommt, wie ihn manche Experten beim Betrachten von Moores Gesetz für die nahe Zukunft vorhersagen. Solche Überlegungen betreffen vor allem die Hardware, auf die bereits hingewiesen worden ist, aber bekanntlich gibt es noch eine zweite Front, an der Besserungen und Innovationen möglich sind, und dabei ist von der Software die Rede, der im Folgenden mehr Aufmerksamkeit geschenkt werden soll. Sie spielt unter anderem eine große Rolle, wenn es darum geht, die analoge Musik eines Orchesters in die digitale Form zu überführen, die in einem iPhone gespeichert und aus ihm gehört werden kann.

Wie jedes akustische Phänomen besteht auch Musik aus longitudinalen Schallwellen, wie man sagt, wobei „longitudinal" heißt, dass die Kontraktion und Ausdehnung der Luft sich in dieselbe Richtung ereignet, in der sich die gesamte Welle ausbreitet. Bei den elektromagnetischen Wellen des Lichts ändern sich die Amplituden der beteiligten Felder senkrecht zum Weg des Strahls, weshalb hier von transversalen Wellen die Rede ist – womit die Phänomene das Lichts keineswegs verstanden werden können, bei denen bekanntlich auch der geheimnisvolle Teilchencharakter der dazugehörigen Energie eine Rolle spielt.

Was die longitudinalen Schallwellen angeht, so werden ihre Druckschwankungen von einem Mikrofon in elektrische Signale umgewandelt, die technisch in regelmäßigen Zeitintervallen abgetastet werden müssen, wenn man die damit verbundene Musik zum Beispiel aufnehmen will. „Abtasten" meint an dieser Stelle einen Fachausdruck, der die Registrierung von Messwerten zu einzelnen (diskreten) Zeitpunkten erfasst, mit deren Hilfe aus dem kontinuierlichen Signal der Außenwelt die diskrete (digitale) Information im Apparat gewonnen wird. Seit sich Menschen darum bemühen, Schallwellen – Musik oder Stimmen – aufzuzeichnen, stehen sie vor Fragen der Art, „Wie groß muss die Abtastrate sein?", „Wie viele Spanungsimpulse aus einem Mikrofon muss man registrieren, um den empfangenen Ton oder Klang möglichst getreu erfassen und wiedergeben zu können?"

Zum Glück lassen sich die physikalischen und nachrichtentechnischen Bemühungen um dieses Thema, die seit dem 19. Jahrhundert unternommen werden und viel den Ideen des Franzosen Jean-Baptiste Joseph Fourier verdanken, in einer zentralen Einsicht zusammenfassen: Er konnte zeigen, dass jedes (aperiodische) Tonsignal als Summe von Signalen mit verschiedenen Frequenzen dargestellt werden kann, was den Wissenschaftlern die berühmte Fourier-Transformation als Werkzeug in die Hände legte. Sie wird in der Literatur mit zwei Namen verbunden, von denen einer – Claude Shannon – schon erwähnt wurde und von denen der zweite Harry Nyquist lautet. Der aus Schweden stammenden Nyquist konnte in denselben Jahren, in denen Heisenberg die Unbestimmtheit bemerkte, zeigen, dass sich die Frequenzen eines Signals – etwa in Form von Musik – fast originalgetreu einfangen lassen, wenn die Abtastrate wenigstens doppelt so groß ist wie die höchste Frequenz, die im Signal selbst auftaucht. Mit anderen Worten, wenn akustische Signale schnell genug abgetastet werden, können sie digital perfekt gespeichert und dann auch wiedergegeben werden.[10]

Shannon hat diese Überlegungen weitergeführt und dabei den Begriff der Bandbreite benutzt, der festlegt, zwischen welchen Frequenzen die dominierenden Anteile des empfangenen Signals liegen dürfen. Ihn interessierten möglichst rauscharme Wege der Kommunikation, und er konnte zeigen, dass man eine nahezu ungestörte Übertragung von digitalen Signalen erreichen kann, wenn man sich auf Einschränkungen bei der Bandbreite einlässt, was heute Milliarden von Personal Computern akzeptieren, die über das Internet miteinander verbunden sind. Die Beiträge der Herren Nyquist und Shannon werden in der modernen

---

[10]Ausführlicher bei Steiglitz, a. a. O., S. 86 ff.

Literatur als Nyquist-Shannon-Abtasttheorem zusammengefasst, das in dieser Form ausdrückt, dass ein in seiner Bandbreite begrenztes Signal aus diskreten Abtastwerten exakt rekonstruiert werden kann. Mit anderen Worten, die Verarbeitung analoger und digitaler Signale erweist sich als weitgehend äquivalent, und genau darin findet sich der Grund, warum die Menschen in den digitalen Maschinchen, die sie in Händen halten, auch die Musik finden, auf die ihre Ohren warten. Und wahrscheinlich wird es nicht mehr überraschen, wenn an dieser Stelle hinzugefügt wird, dass die Ingenieure, Nachrichtentechniker, Mathematiker und Computerexperten für die transversalen Wellen des Lichts dieselben Ergebnisse hinbekommen haben wie für die longitudinalen Wellen der Töne. Wie die Musik sind auch die Bilder in den digitalen Geräten angekommen, die niemand mehr aus der Hand gibt.

Bilder im Kasten

Natürlich ist es unmittelbar und einfach zu sehen, wie ein Mikrofon analogen Schall in digitale Spannungsimpulse umwandelt, aber es gehört schon mehr dazu, das Licht der Welt in ein digitales Medium zu übertragen. Der Vorgang lohnt mindestens einen genaueren Blick und einige weitere von dieser Art, wie sie im Folgenden Schritt für Schritt unternommen werden. Zunächst gilt es, sich zu merken, dass der lichtempfindliche Film in den früheren analog funktionierenden Kameras durch ein digitales Speichermedium ersetzt wird, das die optischen Informationen festhält, die aus der äußeren Welt einfallen und über geeignete Objektive – wie früher in analogen Zeiten – einem elektronischen Bildsensor zugeführt werden, der die Digitalisierung des Sichtbaren übernimmt. Die Anfänge dieser modernen Weise des Fotografierens finden sich in den frühen 1960er-Jahren, als es David Paul Cregg in Los Angeles erstmals gelang, Bilder elektronisch zu speichern. Er benutzte dazu ähnliche Bauelemente aus Halbleitern, wie sie auch 1968 in dem ersten patentierten Bildsensor verwendet wurden. Dieser bestand aus einzeln nebeneinander (diskret) angeordneten Fotodioden, in denen dotierte Halbleiter als ein p-n-Übergang angeordnet waren, wie er oben erläutert worden ist. Wenn auf einen solchen p-n-Übergang Licht fällt und dessen Energie von den Atomen übernommen wird, tritt das ein, was die Physiker einen inneren Fotoeffekt nennen, was historisch genauer „innerer fotoelektrischer Effekt" heißen müsste, da die Leitfähigkeit der sich am Übergang befindenden Halbleitermaterialien zunimmt.

Was genau ablaufen muss, damit dies passiert, ist knifflig, weshalb es durch einen Blick auf den äußeren fotoelektrischen Effekt vorbereitet werden soll, der zwar bereits im 19. Jahrhundert entdeckt worden war, von Einstein aber erst 1905 erklärt werden konnte. Bei diesem äußeren Fotoeffekt sorgt Licht dafür, dass Elektronen in einem Metall leichter in Bewegung geraten und dabei mehr Strom produzieren. Um die dazugehörigen Messungen zu erklären, musste Einstein dem einfallenden Licht die Eigenschaften von individuellen Quanten – den teilchenartigen Photonen – zuweisen, was ihm zwar den Nobelpreis einbrachte, trotzdem aber nicht ganz verstehen ließ, was in dem Metall mit den Elektronen passierte, die etwas von der Energie der einfallenden Strahlung abbekommen hatten. Wie die in den folgenden Jahrzehnten entwickelte und in diesem Buch schon oftmals bemühte Quantentheorie der Materie ermitteln konnte, stehen den Elektronen in einem Festkörper – einem Draht aus Kupfer oder einem p-n-Übergang mit Halbleitern – nicht alle, sondern nur bestimmte, sorgsam getrennte Aufenthaltsbereiche zur Verfügung. Die Physik spricht von Bändern und unterscheidet ein Leitungsband – der Name erklärt sich selbst – von einem Valenzband, in dem das Elektron seinem Atom treu und an es gebunden bleibt. Der äußere Fotoeffekt kommt zustande, wenn die Energie des Lichts die Elektronen des Metalls aus dem Valenz- in das Leitungsband hebt, und mit dieser Vorgabe wird der Blick frei für den inneren Fotoeffekt mit den Halbleitern und ihrem p-n-Übergang. Hier befinden sich neben den Elektronen noch die ebenfalls beweglichen Löcher, und das einfallende Licht erhöht die Leitfähigkeit in der Zone durch Bildung ungebundener Elektron-Loch-Paare, die von der Fachwelt mit dem schönen Namen „Exziton" geehrt werden und ihre Anregungsenergie durch den Kristall bewegen können. So kompliziert das ganze Geschehen jetzt wird – Physiker sprechen bei den Exzitonen gerne von Quasiteilchen, die sich als elementare Anregung eines kollektiven Zustands gut berechnen und in diesem Sinne verstehen lassen –, so einfach kann jetzt der Schritt zu der Erfindung des Datenspeichers vollzogen werden, der der digitalen Fotografie all die Möglichkeiten gibt, die sie nicht zuletzt in den iPhones so populär und vielseitig macht. Die Rede ist von den lichtempfindlichen elektronischen Bauelementen, die als CCD-Sensoren bezeichnet werden und seit 1969 vorliegen. Das Tripel CCD kürzt dabei das Amerikanische Charge-Coupled-Device ab – auf Deutsch müsste man „ladungsgekoppeltes Bauteil" sagen –, und funktionsfähig gemacht wurde es von dem Kanadier Williard Boyd in Zusammenarbeit mit dem Amerikaner George Smith, die beide dafür 2008 mit dem Nobelpreis für Physik geehrt wurden.[11]

---

[11]Es empfiehlt sich dazu die Homepage der Nobelstiftung anzuklicken und nach dem Physik-Nobelpreis 2008 zu suchen.

Ein CCD-Sensor besteht aus einer Matrix von licht-empfindlichen Fotodioden, die rasterartig als rechteckige oder quadratische Elemente angeordnet sind und in dieser Form auch als Pixel – eben als Bildpunkte – gezählt werden. Einfallende Strahlung überträgt ihre Energie auf die Halbleiter, in denen Elektronen und freie Löcher entstehen, die in einer Art Kondensator gesammelt werden und deren auf sie übergegangene Information auf diese Weise gespeichert vorliegt. In wenigen Worten – CCD-Sensoren sind Chips, die das empfangene oder fotografierte Licht in Spannungswerte umwandeln und die Daten in winzigen Kondensatoren sammeln, wobei heute auf einem kleinen CCD-Element im Zentimeterbereich eine Million solcher Kondensatoren angebracht werden kann – und ebenso viele Transistoren.

Übrigens – damit CCD-Sensoren Farben und nicht nur Helligkeitswerte unterscheiden können, befinden sich vor jedem CCD-Element Filter, die das Licht in seine roten, grünen und blauen Anteile zerlegen. Das heißt, so war es anfänglich, bis erste Anbieter dazu übergingen, Vier-Farben-CCDs einzuführen und zum Beispiel noch das Emerald hinzufügten, also eine Art Smaragdgrün. Der Bildprozessor mischt dann die Farben einer Gruppe aus vier Sensorelementen zu einem einzigen Bildpunkt (Pixel) additiv zusammen, womit die Erzählung im 21. Jahrhundert angekommen und ziemlich weit vorgeprescht ist, was die Gelegenheit gibt, noch einmal zu staunen. Denn wer die Chipindustrie mit dem Bau von Automobilen vergleicht und sich einmal fragt, wie diese Produkte heute funktionieren würden, wenn bei ihrer Fertigung ähnliche Fortschritte wie bei der Chipherstellung erzielt worden wären, dann würde ein Auto weniger als einen Dollar kosten, und Parkplatzprobleme hätten sich erledigt. Man würde den Wagen nach Erreichen seines Zieles einfach zusammenklappen und in die Tasche stecken und den Rest des Weges zu Fuß zurücklegen.

In die Tasche stecken lassen sich auf jeden Fall die Smartphones, in denen seit den 2000er-Jahren digitale Kameras integriert sind, die auch Videos aufnehmen können, weil die lichtempfindlichen Sensoren seit den frühen 1970er-Jahren von Anfang nicht nur darauf ausgelegt waren und erlaubten, Einzelbilder aufzunehmen, sondern ganze Sequenzen von Aufnahmen zu speichern und dann als Video abzuspielen. Während 1973 die Auflösung der Bildsensoren bei 100 × 100 Pixel lag – was man als 0,01 Megapixel berechnen kann –, erreichten die digitalen Kameras im Jahre 2000 bereits 4 Megapixel, und niemanden wird es verwundern, dass die Bildauflösung vor allem für professionelle Fotoapparate im Laufe der Jahre auf mehr als 40 Megapixel gesteigert werden konnte.

Es lohnt sich, erneut die einzelnen Schritte durchzugehen, mit denen in einer Digitalkamera – etwa der in dem iPhone – ein fotografisches Bild zustande kommt. Am Anfang steht – wie in frühen Analogapparaten – die Projektion der Lichtstrahlen aus der Außenwelt durch das Objektiv auf einen Bildsensor. In ihm integriert sind zum Beispiel Farbfilter, wobei neuere Modelle auch Infrarotfilter, Farbmosaiken und andere Spielereien anbieten. Im nächsten Schritt werden die registrierten Lichtintensitäten erst in analoge elektrische Größen umgesetzt und anschließend durch Analog-Digital-Umsetzung digitalisiert. Das Scharfstellen – meist durch Autofocus und die im Handy ebenfalls von selbst erfolgte Wahl der Belichtungszeit – werden hier übergangen, um darauf hinweisen zu können, dass die Kamera im nächsten Schritt verschiedene Pixel (Subpixel) erst zusammenführt – zu Vollfarb-Pixeln, wie es im Jargon heißt –, um danach korrigierbare Fehler wie die chromatische Aberration – eine Abbildungsverzerrung von optischen Linsen – zu tilgen und ein Programm zur Rauschunterdrückung einzusetzen. Zuletzt unternimmt die Kamera noch eine Komprimierung der Bilddatei, um die Aufnahmen schließlich in dem gewünschten Format zu speichern.[12]

Es ist leicht einsehbar, dass das Licht auf dem Weg von der Welt in die Maschine noch weiteren Bearbeitungen – Manipulationen – ausgesetzt werden kann und auf keinen Fall eine direkte Eins-zu-Eins-Wiedergabe der Wirklichkeit sein wird. Das unternimmt der menschliche Wahrnehmungsapparat auch nicht, der ebenfalls viele Verarbeitungsschritte bereithält und einsetzt, um zum Beispiel aus dem Licht, das ins Auge fällt, das Sehen oder Bild zu machen, das nur nach vielen Umsetzungen mithilfe des Gehirns gelingt. Menschen malen mehr die Bilder, die sie mit ihrem Sehsinn und den Bereichen der Großhirnrinde vor die inneren Augen bekommen, und wahrscheinlich muss in den beteiligten Nervenzellen eine Fülle von Rechenoperationen durchgeführt werden, bis sich die Konturen, Bewegungen und Farben zeigen, die sich zur optischen Wahrnehmung zusammenfinden. Auch digitale Kameras bilden die Welt weniger direkt ab und rechnen sie vielmehr mit allen möglichen Programmen aus, wobei die Wissenschaftler in dem Fall, in dem ja zuletzt eine Lösung auf dem Bildschirm erscheint, von Algorithmen sprechen, die Computer exekutieren. Der Begriff des Algorithmus scheint immer mehr in die Lebenswelt der Menschen einzudringen und die Eigenschaft einer Maschine zu sein, die für die menschliche Freiheit und allgemein für die humane Existenz zur Bedrohung wird. Darauf wird in noch eingegangen, wenn „Die Wissenschaft hinter dem Wunder" vorgestellt wird, wobei dies hier mit einem Hinweis darauf abgeschlossen werden soll, was es allgemein für das Leben bedeutet, wenn es diskrete oder digitale Informationen sind, die Menschen empfangen oder versenden.

---

[12]Empfehlenswert dazu de Wikipedia-Eintrag *Digitalkamera*.

Die einfachste Folgerung liegt auf der Hand, sie besteht darin, dass alle Computer miteinander vernetzt sind und das riesige Internet bilden, was vor allem deshalb funktioniert, weil alle gesendeten (digitalen) Signale in Päckchen zerlegt werden können, was es erlaubt, die Kanäle effizienter und verlässlicher zu nutzen (ohne dass dies hier im Detail ausgeführt wird). Daneben setzt man seit den 1970er-Jahren optische Fasern statt elektrischer Leitungen ein, um Informationen weltweit zu verbreiten. Die Gründe, warum Photonen in Glasfasern besser sind als Elektronen in Kupferdrähten sind zwar vielfältig, lassen sich aber in kompakter Form durch den Hinweis verständlich machen, dass Photonen kaum mit dem Glas in Wechselwirkung treten und daher weite Entfernungen leichter überbrücken können als Elektronen, die mit der Materie interagieren, was sie eher als Speichermedium prädestiniert.

Künstliche Intelligenz

Mit den genannten Ideen – und vielen anderen, hier nicht angeführten Entwicklungen – und den optischen Signalübertragungen ist in den letzten Jahren die seit den 1970er-Jahren sogenannte Künstliche Intelligenz (Artificial Intelligence) aufgekommen, die inzwischen als bedrohlich empfunden wird. Seit dem Beginn des 21. Jahrhunderts – im Gefolge von Moores Gesetz – ist es möglich geworden, sogenannte Supercomputer zu bauen, in denen neuronale Netze nicht nur auf einer Ebene agieren, sondern in hierarchischen Schichten zusammenwirken. „Deep Learning" heißt das Schlagwort, das durch die Medien geistert und eine Maschine hervorgebracht hat, die den Weltmeister im Go, einem japanischen Brettspiel, besiegt hat. Viele Menschen machen sich Sorgen, dass solche Maschinen bald in vielerlei Hinsicht den Menschen übertrumpfen und die Leitung oder Steuerung der Gesellschaft übernehmen. Bereits in den 1970er-Jahren haben Experten vermutet, dass Computer mit künstlicher Intelligenz den Schachweltmeister besiegen können, wie es auch eingetreten ist. Die Fachleute haben damals auch gedacht, dass solch ein Wunderwerk mehr kann und vielleicht sogar Gefühle oder Ehrgeiz entwickelt. Aber wer sich sorgt, dass die Maschinen das gesellschaftliche und politische Leben übernehmen und Menschen nach ihren Wünschen steuern und lenken, kann mit den Worten des kanadischen Informatikers Yoshua Bengio beruhigt werden, der durch seine Forschungen zu neuronalen Netzen und dem Deep Learning in seinen Kreisen viel Anerkennung gefunden hat. Auf die Frage eines Reporters der Zeitschrift *New Scientist,* welche falschen Vorstellungen sich die Öffentlichkeit von der künstlichen Intelligenz macht, hat Bengio so klare Worte gefunden, dass seine Antwort hier zitiert werden soll:[13]

„Viele Leute überschätzen die Intelligenz dieser Systeme. Sie sind wirklich dumm. Sie verstehen die Welt nicht. Sie verstehen Menschen nicht. Sie haben nicht einmal die Intelligenz eines sechs Monate alten Babys. Klar, sie können den Weltmeister im Go schlagen. Aber das heißt doch nicht, dass sie irgendetwas anderes können." Ob das wohl so bleiben wird?

---

[13] *New Scientist,* Ausgabe vom 8. Juni 2019, Interview mit Yoshua Bengio, S. 44 ff.

5

Vom Werden des Werkzeugs

Wenn man sich die Geschichte des vergangenen Jahrhunderts anschaut, kann man den Eindruck gewinnen, dass die Welt ihre heutige Form in der Zeit nach dem Ende des Zweiten Weltkriegs bekommen hat, und es gibt sogar einen Zeitpunkt, von dem man sagen kann, dass mit ihm die moderne (digitale) Welt in ihren Anfängen sichtbar und auf den Weg gebracht wurde. Gemeint ist das Jahr 1945, in dem in der Zeitschrift *The Atlantic Monthly* ein Aufsatz des amerikanischen Ingenieurs Vannevar Bush erschienen ist, der seit 1939 die „Carnegie Institution of Washington" zur Förderung der Forschung leitete und mit zum Manhattan-Projekt beigetragen hatte. Bushs Beitrag trug den Titel *„As We May Think"*, und unter dieser Überschrift entwirft sein Autor eine kollektive Wissensmaschine – er nennt sie Memex für Memory Extension –, in der man den Vorläufer eines modernen Desktop-Computers erkennen kann, mit dessen Hilfe in einer Forschergemeinschaft alle Beteiligten Zugriff auf die

© Springer-Verlag GmbH Deutschland, ein Teil von Springer Nature 2020
E. P. Fischer, *Die Welt in deiner Hand,*
https://doi.org/10.1007/978-3-662-60726-8_5

Erkenntnisse der anderen haben.[1] Bush zeigt sich in dem Text davon überzeugt, dass Nationen in Zukunft nicht mehr in Kriegen siegreich sein werden, sondern ihre Überlegenheit mit ihren Köpfen beweisen, und es gelingt ihm im Anschluss an die Publikation seines Essays, einen Termin bei seinem Präsidenten, Franklin D. Roosevelt, zu bekommen. Nach einem nur 15 min dauernden Gespräch erteilt Roosevelt Vannevar Bush den Auftrag, ein „Office of Research and Development" zu gründen und zu leiten, und wenn in den meisten Geschichtsbüchern darauf bestenfalls am Rande hingewiesen wird, so ist doch unübersehbar, dass damit ein Schalter der Geschichte umgelegt wurde.[2] Wissenschaft und Forschung werden von nun an stärker die Entwicklung von Nationen bestimmen als alles andere, und man braucht bloß Stichworte wie Molekularbiologie, Mondfahrt, Energieversorgung und Digitalisierung zu nennen, um zu sehen, wie rückständig etwa deutsche Sozialwissenschaftler unter Führung von Jürgen Habermas dachten und agierten, denen selbst 1979 nichts aus dem Bereich von Naturwissenschaft und Technik einfiel, als sie ihre eigenen „Stichworte zur ‚Geistigen Situation der Zeit'" vorlegten und dabei ausführlich auf Couchecken, Nierentische und Blue Jeans eingingen und in ihnen stecken blieben.[3] 1979 – da waren Unternehmen wie Microsoft und Apple längst gegründet, da wurde der erste PC auf dem Markt angeboten, und da gab es auch schon seit zehn Jahren

---

[1]Mehr dazu in Martin Burckhardt, *Eine kurze Geschichte der Digitalisierung*, München 2018, zum Beispiel S. 109 und S. 161.

[2]Ausführlich dazu Safi Bahcall, *Loonshots – How to Nurture the Crazy Ideas that win Wars, Cure Diseases, and Transform Industries*, New York 2019.

[3]*Stichworte zur ‚Geistigen Situation der Zeit'*, herausgegeben von Jürgen Habermas, edition suhrkamp, Band 1000 (ulkigerweise in zwei Bänden), Frankfurt am Main 1979.

die Desktop-Maus, die ein Computertechniker namens
Douglas C. Engelbart im Dezember 1968 einem staunen-
den Publikum in San Francisco vorgestellt hatte und mit
deren Hilfe er eine grafische Oberfläche bedienen konnte,
auf der sich durch einen Klick viele Fenster erreichen ließen, die dem „User" viele Stellen zur Weiterarbeit öffneten
und anboten.

„Die Verbesserung des menschlichen Geistes"

Der erwähnte Engelbart besaß 1945 die Ausgabe des
Atlantic Monthly mit dem Beitrag von Vannevar Bush und
hatte sich seitdem gedanklich mit dem Thema beschäftigt,
das er in den frühen 1960er-Jahren in einem Text mit dem
Titel „Die Verbesserung des menschlichen Geistes" zu
Papier brachte.[4] Er träumte von dem, was man eine Co-
Evolution von Mensch und Maschine nennen könnte,
und er fand Mitstreiter zum Beispiel in dem amerikanischen Professor für Psychologie (!) mit Namen Joseph C.
R. Licklider, der für die NASA arbeitete und dem an seiner Universität, dem berühmten MIT in Boston, beträcht-
liche finanzielle Mittel (nicht zuletzt aus dem Haushalt
der Armee) zur Verfügung standen, um eine mögliche
Mensch-Maschine-Symbiose zu erkunden.

Mit diesen Sätzen soll verdeutlicht werden, dass die
Ziele der Computerforscher schon früh über die Verbesserung der Maschinen hinausgingen und letztlich den
neuen Menschen anvisierten, dem nach den Vorstellungen
von Engelbart eine Weltintelligenz jederzeit zugriffsbereit
abrufbar – zuhanden – sein sollte und der nach der hier

---

[4]Burckhardt, a. a. O., S. 159 ff.

vertretenen Ansicht in dem Handynutzer Wirklichkeit
geworden ist. Er bekommt seine Intelligenz nicht allein
dadurch, dass er eine Hand hat, wie der griechische Philosoph Anaximander bereits im 5. Jahrhundert v. Chr.
bemerkt und verkündet hat. Der handynutzende Mensch
bekommt seine Intelligenz nicht zuletzt und heute vermehrt durch das, was er in der Hand hat und im Wortsinne begreift. Zu verdanken ist diese Konkretisierung
letztlich Steve Jobs und seinem iPhone, in dem sich nicht
zuletzt seine Maxime „Das Design bestimmt das Bewusst-
sein" überzeugend und überragend bestätigt findet, wobei
bislang in diesem Buch nur die technische Seite der Entwicklung eine Rolle gespielt hat, und die Hand, mit der
die Welt zuletzt erfasst und gehalten wird, noch auf ihren
Auftritt wartet. Für ihn ist jetzt die Zeit gekommen, wobei
anzumerken ist, dass die Hände mit ihren insgesamt zehn
Fingern in der deutschen Philosophiegeschichte mindestens zwei große Bewunderer kennen, nämlich erst Kant
und dann sogar Hegel. Kant hielt die Hand für den „sichtbaren Teil des Gehirns", und Hegel bewunderte die „Bildung der Hand als absolutes Werkzeug", denn immerhin
kann sie nicht nur für Gesten und beim Schreiben, sondern auch zum Tragen und beim Kämpfen nützlich eingesetzt werden, und viele Menschen werden viele andere
Gelegenheiten kennen, bei denen ihnen die Arme mit
ihren Händen helfen. Auch wird niemand den Anteil
der evolutionären Konstruktion mit einem Daumen und
vier Fingern überhören, wenn bei Unterhaltungen davon
die Rede ist, dass man zwar nicht tiefer als in Gottes
Hand fallen kann, man sich aber lieber darauf nicht verlassen und stattdessen versuchen sollte, die Welt und ihre
Abläufe dadurch zu begreifen, dass man deren Steuerung
zumindest im ökonomischen Bereich einer unsichtbaren
Hand überlassen sollte, die dann gerne dem Markt-
geschehen zugewiesen wird, wenn sich bei den Nationen

und ihren Menschen der Wohlstand zeigt, auf den viele ihr Leben und Arbeiten ausrichten.[5]

Übrigens – die Hand taucht auch dann in gewöhnlicher Rede auf, wenn von Manipulationen gesprochen wird. Sie versteckt sich hier hinter dem lateinischen *manus,* aus dem im alten Rom die Wortbildung „*manu forte*" gebildet wurde, mit der man meinte, dass sich jemand persönlich als tapfer und stark gezeigt hat. Manipulieren heißt also, etwas mutig in die eigenen Hände nehmen, was aber deutsche Wutbürger der 1968er-Zeit mit ihren geballten Fäusten nicht daran gehindert hat, den schönen Ausdruck negativ zu besetzen und erst von der Manipulation der Bürger durch die Industrie und das Großkapital und dann von der Manipulation der Gene durch die Wissenschaft zu sprechen. Von da aus war es dann nicht mehr schwierig, jeden Einsatz der Gentechnik in den 1970er-Jahren als Genmanipulation zu diffamieren, und der Gedanke war vergessen, dass Menschen zu allen Zeiten erfolgreich versucht haben, ihr Schicksal in die eigenen Hände zu nehmen, also zu ihren Gunsten zu manipulieren.

Der Homunkulus

Zurück zur Wissenschaft. Wer die biologische Bedeutung der Hand demonstrieren will, kann auf die Abbildungen in Lehrbüchern der Hirnforschung verweisen, die einen „Homunkulus" zeigen, wie man ihn dort seit den 1950er-Jahren finden kann. Natürlich denken viele Zeitgenossen bei dem Wort „Homunkulus" an ein künstlich

---

[5]Sehr empfehlenswert für dieses Thema: Marco Wehr und Martin Weinmann (Hrsg.), *Die Hand – Werkzeug des Geistes,* Heidelberg 2009, und Frank R. Wilson, *Die Hand – Geniestreich der Evolution,* Reinbek 1998.

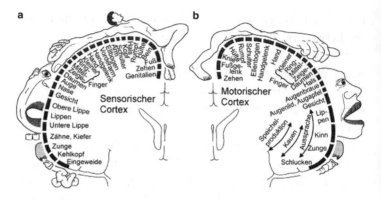

Abb. 5.1 Homunkulus der Neurobiologie

geschaffenes Menschlein, wie es Goethe etwa im zweiten Teil des *Faust*-Dramas aus einer Retorte auf die Bühne springen lässt – wobei der künstliche Mensch von einer Glashülle umschlossen bleibt, bis sie später zerschellt und ihren Inhalt dem Meer überlässt. Aber in der Neuroanatomie meint „Homunkulus" die Darstellung eines Menschen, bei der die verschiedenen Körperregionen verzerrt erscheinen, um sie in der Größe und den Proportionen zeigen zu können, die dem Umfang der Areale entsprechen, die ihnen von der Großhirnrinde aus zuarbeiten und mit denen sie von dort aus über Nervenverbindungen verbunden sind. (s. Abb. 5.1). Dabei fällt zum einen auf, wie viel Platz das Gehirn braucht, um die Kontakte zur Zunge zu halten. Es fällt aber zum zweiten und vor allem auf, wie groß die Hände des Homunkulus ihrer nervösen Versorgung nach zu sein haben, was bedeutet, dass das Gehirn in der Steuerung und Anleitung dieser fingrigen Greiforgane einen wichtigen Teil seiner Aufgaben und damit einen wesentlichen Teil des Menschseins sieht, auf dessen Evolution nun ein wenigstens kurzer Blick geworfen werden soll.

Es geht um das Werden des absoluten Werkzeugs, wie Hegel meint. Die für seine heutige Funktion entscheidende Entwicklung hat wohl in den fernen Zeiten begonnen, in denen sich die Evolution daran gemacht hat, den Menschen von einem Vierfüßer zu einem Zweibeiner zu machen und ihn den aufrechten Gang lernen zu lassen. Dieses Hochhalten des Kopfes ist bekanntlich auf den ersten Blick mit vielen Risiken verbunden – hier seien nur die Sturzgefahr von Kindern und Älteren und die Rückenprobleme von allen Menschen aufgeführt –, weshalb es spätestens beim zweiten Hinsehen einen nachweislichen Vorteil im Lebenskampf mit sich bringen muss, den man zum Beispiel in den Händen suchen und finden kann. Während die frühen Landwirbeltiere mit ihrer vierbeinigen Art der Fortbewegung alle Extremitäten in ihre Pflichterfüllung einzubinden hatten, stehen einem aufrecht mit erhobenem Kopf umher spazierenden Zweibeiner wie dem *Homo sapiens* am Ende der gewaltigen evolutionären Veränderung zwei Hände zur Verfügung, die man sich unmittelbar als frei beweglich vorstellen kann, weil sie ihren Träger nicht mehr am Boden stützen und ihm beim Kriechen helfen müssen und dafür Steine halten und werfen können. Man kann sich die Hände der Bipedalen – der Zweibeiner – bald nicht nur als „frei beweglich", sondern umfassend und überhaupt als insgesamt frei vorstellen und sich fragen, wie die damit ausgestatteten Lebewesen die sich jetzt ergebenden Möglichkeiten zu ihrem Vorteil genutzt und ihre Überlebensaussichten verbessert haben. Aufrechtes Gehen bedeutet, dass die freien Hände von ihren alten Pflichten entbunden neue Fertigkeiten entwickeln und übernehmen können, die man als Greifen und Werfen kennt und zu der auch das Manipulieren im Wortsinne gehört. Die Annahme scheint nicht abwegig, dass die Hände im Laufe der Zeit die Fähigkeit entwickelt haben, bei der

Orientierung etwa in dunklen Waldzonen zu helfen und den dortigen Freiraum tastend zu erkunden, was langfristig verständlich macht, warum die Fingerspitzen in der Geschichte des Menschen so ungemein berührungsempfindlich geworden sind – die Natur hat enorm viele Tastrezeptoren dichtgedrängt hierhin verlegt und mit Nervenbahnen versorgt – und wodurch es in der Gegenwart vielen Nutzern großes sinnliches Vergnügen bereitet, den Bildschirm ihres Handys zu betasten oder zu überstreifen, der dafür natürlich eine glatte und angenehme Oberfläche zu bieten hat (worauf Steve Jobs selbstverständlich sehr geachtet hat).

Wie die Evolutionsbiologen konstatieren und wie niemanden überraschen wird, war es die Ausbildung der neuronalen Steuerung bei der Sensorik und Motorik der Finger und Hände, mit denen sich *Homo sapiens* von den Hominiden gelöst, seine besondere Entwicklung eingeleitet und die eigene Lage in der Welt verbessert hat. „Der Qualitätssprung in der Präzision der Handmotorik und die parallel verlaufende Größenordnung des Hirnvolumens lassen sich an der zunehmenden und verbesserten Verarbeitung der hergestellten Werkzeuge ablesen", wie der Fachliteratur zu entnehmen ist.[6] Insgesamt meint die Wissenschaft bei diesem Verlauf, dem Wechselspiel vom Hirn und Hand auf die Spur kommen zu können, da man sich sicher zeigt, dass die Entwicklung der Größe und Komplexität des menschlichen Gehirns begann, nachdem die Hominiden als Vorfahren von *Homo sapiens* gelernt hatten, mit Werkzeugen umzugehen und darin geschickter zu werden. Die Hand kann man sich als das biologische Werkzeug vorstellen, mit dem weitere Instrumente – Werkzeuge wie Faustkeile, Holzstöckchen oder Feuersteine – eingesetzt werden konnten, was

---

[6]Marco Wehr und Martin Weinmann (Hrsg.), a. a. O., S. 55.

letztlich den Weg für die anatomischen Änderungen öffnete, die zur heutigen Hand geführt haben, mit denen man sein Handy hält. Mit der Hand will man nicht nur etwas halten, sondern für sich behalten und sich einverleiben.

Wichtiger scheint noch der Hinweis, dass es gerade die Berührungssinne der Hände waren, die der menschlichen Entwicklung einen wesentlichen Schub gegeben haben. Tatsache ist, dass sonst nirgendwo auf der Körperoberfläche für den Tastsinn ein vergleichbar hohes Auflösungsvermögen wie im Bereich der Hände und Finger auszumachen ist. Nirgendwo sonst finden sich Tastkörperchen in ähnlich hoher Dichte angebracht, was es zum Beispiel Louis Braille im 19. Jahrhundert erlaubt hat, die nach ihm benannte Blindenschrift zu entwickeln. Braille hat Muster aus Punkten entworfen, die von hinten in ein Blatt Papier gepresst und mit den Fingerspitzen als Erhöhungen getastet werden können. Um aus einem Fachbuch über „Die Hand – Werkzeug des Geistes" zu zitieren:

„Diese hohe Rezeptionsdichte in der Hand ist ein evolutionsgeschichtlich recht junges Phänomen und spiegelt sich … in einer im Vergleich zu anderen Körperteilen … überdimensionierten Repräsentation der sensorischen Handareale im Großhirn wider", so wie es im Homunkulus dargestellt werden kann.

> „Der zweite Grund hängt mit den feinmotorischen Qualitäten der Hand zusammen. Die Verbindung von hochempfindlichem Tastsinn mit motorischer Präzision und Autonomie der Bewegung ermöglicht das aktive Abtasten und Manipulieren von Gegenständen und macht die Hand so nicht nur zum bedeutendsten taktilen Werkzeug des Menschen, sondern auch zum wichtigsten Instrument, unsere Umgebung zu gestalten."[7]

---

[7]Marco Wehr und Martin Weinmann (Hrsg.), a. a. O., S. 20.

Als aktueller Nachtrag zu dem hochempfindlichen Tastsinn kann auf ein kürzlich erschienenes Buch hingewiesen werden, das von dem Sportmediziner Hans-Wilhelm Müller-Wohlfahrt stammt und den Titel *Mit den Händen sehen* trägt. Er schildert darin, wie es (ihm und anderen) möglich ist, Muskelverletzungen etwa in den Tiefen des Oberschenkels mit den Händen zu ertasten. Auch wenn die meisten Orthopäden oder Allgemeinmediziner heute eher auf andere diagnostische Verfahren zurückgreifen, so ist doch denkbar, dass in den frühen Zeiten der Menschheitsgeschichte die Medizinmänner oder Schamanen einer Dorfgemeinschaft ebenfalls ihre Fingerspitzen eingesetzt haben, um bei Ratsuchenden innere Verletzungen mit diesen äußeren Organen zu sehen. Menschen können in einem weiten Sinn mit ihren Händen sehen, und sie setzen sie gerne und ihrer Natur gemäß ein, wenn sie den Touchscreen ihres iPhones streicheln, um auf diese angenehme Weise sogar fernsehen zu können.

Der Daumen

Zu den wesentlichen Teilen einer Handyhand gehört der abgespreizte Daumen, und Hände, die mit modernen Merkmalen wie solch einem eigenständigen und auffallend langen Glied ausgestattet sind, lassen sich schon bei dem 1974 im äthiopischen Hadar gefundenen (als weiblich eingestuften) Skelett erkennen, das die Paläoanthropologen „Lucy" genannt haben und dessen Alter sie auf ein paar Millionen Jahre schätzen. Lucys Hand sieht anatomisch modern aus, obwohl ihr Gehirn kaum größer als das eines Schimpansen sein konnte – mehr Platz findet sich nicht unter ihrer Schädeldecke –, dessen Hand sich wiederum deutlich von der eines Menschen unterscheidet. Wenn man versucht, die Unterschiede zwischen den Händen von Primaten und Mitgliedern der Spezies *Homo sapiens* zusammenzufassen, wird man unter anderem den längeren Daumen, die Veränderung der ihn bewegenden Muskeln und die breitere Fläche der Fingerspitzen nennen, wobei man zum einen rasch bemerkt, wie bequem der eine Daumen die vier Fingerspitzen streicheln kann, wenn sie sich ihm zuwenden, und zum zweiten sofort sieht, wie gut das aufgezählte Trio zu dem Handy passt, mit dem das Begreifen der Welt spielend gelingt – wobei man vielleicht besser sagen sollte, wie gut Apple sein iPhone der Hand angepasst hat, die es halten soll.

Zwar vertreten einige Theoretiker der Evolution die Idee, dass vor allem die Anfertigung von Werkzeugen zur Zunahme des Hirnvolumens geführt hat, aber darüber sollte man nicht das Werfen etwa von Steinen oder Speeren vergessen, das Hände ebenfalls erlauben und das sicher wesentlich zur nackten Überlebensfähigkeit der Menschen beitragen konnte, als sie noch als Jäger und Sammler existiert haben.

Viele Neurologen denken, dass es vor allem die Notwenigkeit war, die Fähigkeit zu einem präzisen Wurf zu entwickeln, die das Gehirn wachsen ließ, denn „einen Hammer in die Hand zu nehmen, genau zu zielen und dann zu werfen, ist psychologisch eine riesengroße Herausforderung", wie die Fachwelt zu berichten weiß, ohne darauf näher einzugehen. Denn sobald das Wort vom Hammer fällt und allgemein von einem oder dem Werkzeug die Rede ist, kann es nicht ausbleiben, den Philosophen Heidegger zu Wort kommen zu lassen, der in seiner eigenwilligen Sprache allgemein das einem Menschen „im Besorgen begegnende Seiende" das „Zeug" genannt hat – wie man es als zweite Silbe aus Worten wie Schreib-, Spiel- oder Werkzeug kennt. Heidegger beschäftigte sich in seinem Denken, worin sich das Sein des Zeugs – also die vorgefundenen Dinge, mit denen man es im Alltag zu tun hat – eigentlich zu erkennen gibt, wie es philosophisch ausgedrückt wird. Und Heidegger wählte in seiner Hütte aus Holz als Beispiel den Hammer, und er meinte, dass Menschen beim Hämmern die spezifische „Handlichkeit" des Hammers entdecken (oder ihm als etwas Seiendem entbergen), und „die Seinsart von Zeug, in der es sich von ihm selbst her offenbart, nennen wir seine *Zuhandenheit*", wie er kompliziert und kursiv geschrieben hat.[8]

Ein Hammer ist somit nicht nur in der Welt vorhanden, wie man naiv meinen könnte, er ist den Menschen vielmehr vor allem zuhanden, wie das schöne Heidegger-Wort lautet; und es ist nicht zu überlesen und metaphorisch mit Händen zu greifen, welche tiefgreifende Rolle die Hand spielt, wenn Menschen sich an und in die Welt wagen und dabei das nutzen, was in der deutschen Sprache so schön „Handwerkszeug" heißt.

Bei aller Tiefe des Philosophischen, für einen Evolutionsbiologen stellt das Hämmern neben dem Bohren, Werfen und Schlagen vor allem den fein abgestimmten Ablauf einer komplexen Bewegung von Armen und Händen dar, die ihre jeweils eigenen Planungen in dazugehörigen Hirnarealen verlangen, und so verwundert es nicht, wenn zum einen einige der erstaunlichsten anatomischen Veränderungen, die sich im Laufe der Entwicklung von Hominiden nachweisen lassen, in der Vergrößerung sowohl der sensorischen als auch der motorischen Hirnareale bestehen, mit denen die Hände Nachrichten geben und empfangen, und wenn im Laufe dieser Geschichte zum zweiten Verbindungen entstanden sind, die einen immer direkteren Eingriff des Großhirns auf die Muskulatur der Hand ermöglichen.

---

[8]Zu Heidegger: Siehe Hans Martin Gumbrecht, *Weltgeist im Silicon Valley*, Zürich 2018, und Wolfram Eilenberger, *Zeit der Zauberer*, Stuttgart 2018.

Dabei ist anzumerken, dass keine andere Muskelgruppe im menschlichen Körper derart viele filigrane Komplexe an muskulärem Gewebe ausgebildet hat, wie es die Finger und der Daumen getan haben, dessen ungewöhnliche Beweglichkeit, die heutigen Handynutzer lieben und die er dank ausgesprochen langer Muskeln erwerben konnte, den großen Physiker Isaac Newton derart beeindruckt hat, dass der tiefgläubige Brite meinte, „Mangels anderer Beweise würde mich der Daumen vom Dasein Gottes überzeugen."

In säkularen Zeiten gilt es eher, sich von der Qualität der Evolution an dieser Stelle zu überzeugen, und bei dem dazugehörigen wissenschaftlichen Blick fällt zunächst auf, dass der Daumen anders als die übrigen Finger aus zwei (und nicht aus drei) Gliedknochen besteht und das ihm zuständige Hirnareal deutlich größer als das der vier verbleibenden Finger ist, was ihn offenkundig bei seiner größeren Beweglichkeit unterstützt. Evolutionsbiologen sind daher der Ansicht, dass der Daumen – wie der große Zeh – einen eigenen Entwicklungsgang kennt und sich unabhängig von den Fingern und den anderen Zehen entwickelt hat. Da sich Hände und Füße aus Flossen im Laufe der Evolution bilden konnten, hat man nach einem frühen Landwirbeltier gesucht, das vor Hunderten von Millionen Jahren als Tetrapode aus dem Wasser ans Land kriechen konnte. Gefunden wurde ein Wesen namens *Ichtyogesta*, bei dem die Anlagen zu einer künftigen Hand zu erkennen sind, und zwar gerade so, dass einer der sieben bis acht Finger, die das Urvieh noch benötigte, getrennt von den anderen angelegt ist, ihnen gegenüber tätig werden kann und somit als Vorläufer der Daumens ins Frage kommt.

Die Entwicklung der Hand

Es sollte bis zu der Zeit vor 85 Mio. Jahren dauern, bis erste Lebensformen wie die Spitzhörnchen auftauchten, die funktionsfähige Hände aufwiesen, die mit denen von Menschen anatomisch vergleichbar sind, wobei die Spitzhörnchen ihren Daumen und ihre Finger nur in die gleiche Richtung bewegen konnten (s. Abb. 5.2: Handentwicklung der Primaten). 30 Mio. Jahre später schafften es dann die Lemuren dank eines besonderen und raffiniert gebauten Sattelgelenks, ihren Daumen den Fingern gegenüberzustellen, was ihnen sicher geholfen hat, nach Früchten zu greifen und sie in ihren Mund zu stecken.

Zwar werden jetzt die Sprünge kleiner, aber einige Millionen Jahre mussten noch vergehen, bis die Wesen mit dem aufrechten Gang auf zwei Beinen über die Erde liefen und zum einen mit frei beweglichen Händen dem Gehirn erstens viele Informationen liefern und ihm zum zweiten ebenso viele Instruktionen abverlangen konnten. Die Hand vermochte immer komplexere Aufgaben zu übernehmen, und der Daumen nahm an Größe, Kraft, Beweglichkeit und Ausdauer zu, was sich für die SMS-Schreibenden der Gegenwart als Segen erwiesen hat, wenn auch immer wieder vor einer Überlastung mit arthritischen Folgen für die Handy-Nutzer gewarnt wird.

Neben den Fingern und den Daumen sollte man aber nicht die Handfläche übersehen, die unter anderem mit tiefen Furchen und einer Vielzahl an Schweißdrüsen ausgerüstet ist, um der Hand insgesamt bei feinstem Gefühl einen festen Griff zu ermöglichen. Ein intensives Nervengeflecht informiert über Hitze und Kälte, meldet Verletzungen, und eine Fülle von Rezeptoren registriert Berührungen und Vibrationen, wie iPhones sie vielfach ausüben. Eine Hand kommt mit einem Hammer und

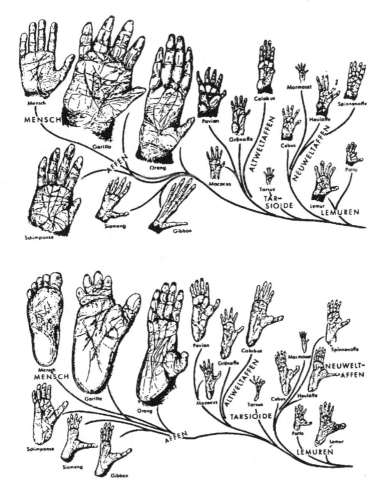

Abb. 5.2 Handentwicklung der Primaten

dem Handy zurecht, das als evolutionäre Krönung durch seine (fundamentalontologisch verstandene) Zuhandenheit in Verbindung mit anderen Sinnen – vor allem den Augen – das Dasein der Welt von ihr selbst her offenbart und so die Menschen in den Zustand der vollen Zufriedenheit versetzt.

Der Phono sapiens

Mit dem Handy in der Hand ist wirklich und endlich ein neuer Mensch in die Welt gekommen, den man in den Medien bereits „Phono sapiens" genannt hat, was vor allem mit der enormen Verbreitung des iPhones zu tun hat, das – wie erinnerlich – das Telefon neu erfinden wollte (und mehr geliefert hat). Heute haben mehr Menschen Zugang zu einem mobilen Telefon als zu fließendem Wasser, und so meint man, hier einen nächsten Schritt der Evolution durch Übernahme eines technischen Geräts erkennen zu können, das sich der Natur des Menschen eingefügt und so dicht angeschlossen hat, dass es niemand mehr als fremd und nicht zu einem gehörig ansieht. Aber kann die biologische Evolution so schnell reagieren, wie eine merkwürdige Studie aus Australien nahelegt, über die das Magazin FOCUS im Juni 2019 berichtet hat. Hier ist von knöchernen Verformungen an Schädeln von Smartphone Nutzern die Rede, die Mediziner an Handynutzern beobachtet haben und die sie auf die kontinuierlich gebeugte Kopfhaltung zurückführen, die Menschen einnehmen, wenn sie sich dem Wunder in ihrer Hand widmen. Selbst wenn sich Befunde dieser Art mehren und bestätigen, bleibt noch ein langer Weg, um das Organische genetisch werden zu lassen, wobei zu betonen ist, dass Evolutionsbiologen bis heute rätseln, wie Lebewesen, was sie außen brauchen, nach innen schaffen und dort abspeichern, um es nachfolgenden Generationen anzubieten.

Unabhängig davon hat die Evolutionsforschung schon länger bemerkt, dass sich Tiere an urbane Umgebungen sehr rasch anpassen können und zum Beispiel Moskitos in den Londoner Untergrundbahnen nicht lange brauchen, um neue Formen anzunehmen, die sich sogar in den verschiedenen Linien unterscheiden. Dichtbewohnte Städte werden bereits als die Galapagos-Inseln der städtischen

Evolution bezeichnet, aber natürlich sollte man vorsichtig sein, allzu flott Auskünfte über genetische Varianten von Menschen am Handy zu verbreiten und mit einer wissenschaftlichen Seriosität auszuschmücken. Auch den viel gehörten Vorwurf, mit dem Handy und seinen beweglichen Bildchen nehme die Aufmerksamkeitsspanne der Menschen dramatisch ab, gilt es, in die evolutionäre Geschichte einzuordnen und mit Vorsicht zu behandeln. Schließlich gehört es wahrscheinlich zu den überlebensnotwendigen Fähigkeiten der frühen Menschen, ihre Aufmerksamkeit nicht auf eine Szene zu fixieren, sondern für alle Gefahrensituationen einzusetzen und rasch zu reagieren, wenn aus einer Richtung Gefahr drohte oder sich zu freuen, wenn aus einer anderen die Jäger mit ihrer Beute heimkehrten. Und da ist die Frage erlaubt: Wer würde nicht gerne ein Foto von der siegreichen Schar machen und an Freunde in alle Welt versenden? Gewollt haben Menschen das immer. Heute brauchen sie dafür nur ein paar Knöpfchen zu drücken – wenn sie denn Netz haben und die Batterie noch nicht leer ist.

6

Die Welt in der Maschine

Man hat den berühmten Satz von Karl Marx mit dem Wunsch nach Weltveränderung, der sich in seinen 1845 verfassten Thesen über den deutschen Philosophen Ludwig Feuerbach findet, zwar schon oft gehört – auch in diesem Buch –, aber man kann ihn sich immer wieder vornehmen, abwandeln und ergänzen. Marx beklagte sich damals, dass die Philosophen der Vergangenheit sich vor allem darum bemüht hätten, die Welt zu interpretieren, während es tatsächlich wesentlich wichtiger sei, die Welt zu verändern – worauf ihm jeder Physiker hätte erwidern können, dass man in der Wissenschaft noch lange nicht so weit sei, a) die Welt zu verstehen und b) im Anschluss daran zu erfassen, wie sich dieses Ganze dank seiner inhärenten Dynamik ständig und selbstständig entfaltet und dabei unentwegt wandelt. Die Setzung von Marx war und bleibt umstritten, selbst wenn sie vielen Akteuren der digitalen Welt Ansporn gegeben hat, und wie sich im Verlauf des 20. Jahrhunderts herausstellte, gab es zudem

© Springer-Verlag GmbH Deutschland, ein Teil von Springer Nature 2020
E. P. Fischer, *Die Welt in deiner Hand*,
https://doi.org/10.1007/978-3-662-60726-8_6

etwas, was bei dem Treiben noch wichtiger war und im Nachgang sogar mit einer Art von dialektischer Schläue genau das erreichte, was Marx eigentlich gefordert hatte. Was nämlich in den Jahren nach dem Zweiten Weltkrieg einsetzte und heute immer massiver betrieben wird, besteht im Exerzieren und Lösen der Aufgabe, die offene Welt mit ihrem realen Raum in ein geschlossenes Gehäuse zu verschieben und ihr und den Menschen dort einen neuen – den digitalen – Raum einzurichten und zu öffnen. Gemeint ist die Verlagerung der komplexen Welt in raffinierte Maschinen, die eine wundersame Geschichte durchlaufen haben, indem sie erst aus großen Computern bestanden und ganze Zimmer füllten, bevor sie heute in Form handlicher Handys in die Tasche gesteckt werden können und dabei ungemein an Leistungsfähigkeit zugenommen haben. *Wie die Welt in den Computer kam* – diesen immens wichtigen Vorgang hat der als Professor für Technikgeschichte an der ETH Zürich tätige David Gugerli in einem Buch mit diesem Titel beschrieben, auf das in diesem Kapitel vielfach zurückgegriffen wird.[1] Gugerli zeigt dabei auf, wie aus den ursprünglich als Rechenmaschinen benutzten Apparaten mittels Programmiersprachen Weltmaschinen werden konnten, die zuletzt in synchronisierten Netzen verbunden, alle Informationen speichern und zugänglich machen konnten, an denen Menschen Interesse zeigten und zeigen.

Als Basso continuo läuft bei dieser Erzählung im Hintergrund die Frage mit, warum die mit dieser Weltbewegung verbundene Digitalisierung der Gesellschaft derart erfolgreich durchgeführt werden konnte, sodass die Gegenwart nahezu umfassend von ihr bestimmt wird und

---

[1]David Gugerli, *Wie die Welt in den Computer kam – Zur Entstehung digitaler Wirklichkeit,* Frankfurt am Main 2018.

manche Soziologen schon von der „nächsten Gesellschaft" sprechen, die wie ein Netzwerk organisiert sein soll. Was man dazu liest, klingt vielfach so wie Vorhersagen aus früheren Jahrhunderten, als man bereits von dem neuen Menschen geschwärmt hat, der nach der hier vertretenen Ansicht inzwischen tatsächlich auf der Bühne erschienen ist (und vielleicht einmal wissen will und seine Mitmenschen fragt, warum Soziologen immer geschwollen von Netzwerken reden müssen, während es ein einfaches Netz doch auch tun würde, wenn sie die Vernetzung der Welt ins wissenschaftliche Auge fassen. Fehlt nur noch das Netzwerkzeug, mit dem sich dann alles richten oder reparieren lässt).

Eine Theorie der digitalen Gesellschaft

Was den Erfolg der seit dem 20. Jahrhundert welterfüllten (digitalen) Maschinen angeht, so soll über ihr Zustandekommen gleich durch eine historische Spurensuche berichtet werden, nachdem ein Blick auf die „Theorie der digitalen Gesellschaft" geworfen worden ist, die der Soziologe Armin Nassehi in diesen Tagen (Sommer 2019) unter dem Titel *Muster* vorgelegt hat.[2] Der in München als Professor für Allgemeine Soziologie für Gesellschaftstheorie zuständige Herausgeber der Kulturzeitschrift *Kursbuch* stellt sich in seinem Buch die einleuchtende Frage, worin das soziale Problem bestand, für das die Digitalisierung eine derart erfolgreiche Lösung anbieten konnte, dass die binär codierten Daten so rasch das Zusammenleben der Menschen durchdrangen und sich aus dem Alltag schon lange nicht mehr wegdenken lassen. Nassehi

---

[2]Armin Nassehi, *Muster – Theorie der digitalen Gesellschaft*, München 2019.

erzählt die Geschichte der Gesellschaft im Rahmen einer Systemtheorie, der zufolge anfänglich äußere Merkmale den Platz festlegen, den jemand in einer sozialen Hierarchie einnimmt – bis alles immer komplexer und vernetzter und die gesellschaftliche Ordnung unsichtbar wird. Spätestens seit dem 19. Jahrhundert haben aufkommende statistische Verfahren das stolze Individuum in einen durchschnittlichen Durchschnittsbürger verwandelt, der sich seitdem – bei Volkszählungen und für Versicherungsabschlüsse – mit Zahlenkolonnen erfassen und berechnen lassen muss, die bald die „Muster" erkennen ließen, von denen Nassehi spricht und die in seiner Sicht die Digitalisierung der Gesellschaft einleiten. Seine These lautet, der Clou des digitalen Verfahrens liegt darin, dass ein maximal einfacher Code – der binäre – eine maximale Vielfalt von Einsatzmöglichkeiten bietet, in dem die Daten einer permanenten Rekombination unterworfen werden können. Aus der Perspektive der Systemtheorie zeigt sich die soziale Welt ebenso binär codiert wie die sie erfassenden digitalen Datenmengen, wie zu lesen ist, was man aber nicht unbedingt akzeptieren und erst recht nicht bejubeln muss. Zwar redet der Soziologe von der Unwiderstehlichkeit des Binären, aber einem nicht durch die Brille der Systemtheorie schauenden Betrachter der Lebenswelt fällt unter wissenschaftshistorischen Gesichtspunkten auf, dass Nassehi die Sprache der Molekularbiologie benutzt, die sich schon länger für die Rekombination von Genen interessiert und seit den 1950er-Jahren nach dem genetischen Code gefahndet hat, den sie seit den 1960er-Jahren kennt und seitdem in Tabellenform in den entsprechenden Lehrbüchern präsentiert. Rückgriffe auf die erfolgreiche Biologie durchziehen schon länger die Sprache von sozialwissenschaftlich orientierten Journalisten oder Politikern, die gerne von der DNA einer (christlichen) Partei oder den Genen eines Ministeriums sprechen und meinen, wenn sie das Wort „Krebsgeschwür" in den Mund nehmen, etwas über organisierte Kriminalität in betroffenen Städten verstanden zu haben. Hinter dieser gengetränkten Sprache lauert die alte Hoffnung der 1930er-Jahre, dass es möglich sein müsse, soziale Probleme durch biologische Erklärungen lösen und auflösen zu können, die sich sogar als wissenschaftlich verkaufen ließen. Aber dieses weite Feld (in dem es überall von Tretminen wimmelt) soll hier links liegengelassen werden, um zu den Computern und ihrer zunehmenden sozialen Rolle zurückkehren zu können.

Der Versuch kann natürlich lohnend sein, aus wissenschaftlich-technischen Entwicklungen und den dazugehörigen Anpassungen etwas über die Lage und die Zukunft der Gesellschaft abzuleiten, aber dabei kann es sicher nicht schaden, zuvor einen verständigen Blick auf die historischen Entwicklungen zu werfen, die zu der rasanten und umfassenden Computerisierung der Welt geführt haben, wie sie sich seit den 1950er-Jahren vollzogen hat und in den 1960er-Jahren ihren ersten Höhepunkt mit dem Projekt der Mondlandung fand, als die Fernsehapparate weltweit Einblick in irdische Kontrollzentren gaben, in denen man vor allem die aufgereihten Computer sah, die das Geschehen beherrschten. Es ist spannend zu fragen, welche Arten von Motivation oder welche Probleme hinter dem Wechsel von früheren Registraturen im Handbetrieb zu modernen Datenbanken in Maschinen oder vom alten Rundfunk ins neue Internet steckten, um ein plastisches Beispiel zu nennen.

Der UNIVAC

In seinem erwähnten Buch weist der studierte Literaturwissenschaftler Gugerli auf den ersten Werbespot in der Computergeschichte hin, in dem die amerikanische Firma Remington Rand ihren „Universal Automatic

Computer" mit Namen UNIVAC vorstellte. Remington Rand war 1927 – schon wieder die Goldenen Zwanzigerjahre, die Roaring Twenties – durch Fusion zweier Firmen entstanden, von denen die eine – Remington – Schreibmaschinen herstellte, die Mark Twain gefallen haben und auf denen er geschrieben hat, und von denen die zweite Büromaterial und Aktenschränke anbot. 1950 erwarb Remington Rand ein von den zwei Computerpionieren J. Presper Eckert und John Mauchly gegründetes Unternehmen zur Fertigung von zivilen und militärischen Rechnern, und in dieser Kombination stellte man mit der erwähnten neuen Maschine alles auf den Kopf. Der UNIVAC emanzipierte sich nämlich von der Hauptaufgabe bisheriger Digitalgeräte, die etwa ballistische Kurven von Raketen berechnen sollten oder für kryptografische Zwecke eingesetzt wurden. Natürlich konnte der UNIVAC auch das sowie verzwickte Gleichungen lösen, wie sie zum Beispiel in der Kernphysik auftauchten. Der Universalcomputer konnte aber vor allem riesige Mengen an Daten verarbeiten, und er bot mit seinen magnetischen Bändern, Zwischenspeichern, Prozessoren und Lochkartenlesegeräten der Gesellschaft und ihren Konsumenten so etwas wie ein digitales Fließband an, das von da an nicht mehr aufhörte zu laufen. Der Werbespot versprach, dass in Zukunft „das ganze Welttheater von den Rechenkünsten der Maschine profitieren" könne, wie Gugerli die Botschaft zusammenfasst, um hinzuzufügen, „der Rechner war ein automatisiertes, industrielles und gut beherrschtes Rechenmonster im Dienste der Menschheit". Es erledigte aber nicht nur alle Abläufe „bei denen Daten verarbeitet und Probleme gelöst werden mussten", wie Remington Rand versprach, sondern es hatte nach Erledigung dieser Aufgaben „immer noch fast neunzig Prozent seiner Arbeitswoche frei", um etwas anderes auszuführen, nämlich die Welt in sich aufzunehmen und ihr einen digitalen

Raum zu eröffnen.[3] Als fünf Jahre später – also 1956 –
das Unternehmen U. S. Steel den UNIVAC einsetzte und
damit Werbung machte, zeigte man in der dazugehörigen
Grafik ganz konkret, dass der Rechner die Aufgabe hatte
und die Fähigkeit besaß, sich die Welt zu angeln und sich
einzuverleiben (s. Abb. 6.1).

In den Jahren dazwischen konnte der Universalrechner
seinen ersten großen öffentlichen Auftritt in den Medien
feiern (lassen), und zwar bei den Wahlen zum Präsidenten der USA im Jahre 1952, als der Republikaner General
Dwight D. Eisenhower gegen den favorisierten Demo-
kraten Adlai E. Stevenson antrat und die Maschine durch
ihre enorm schnelle Rechenleistung den überraschenden
Sieg des republikanischen Außenseiters vorhersagte, wie
es der Sender CBS in seiner Wahlberichterstattung damals
noch mutig verkündete. Der Moderator wies während
der laufenden Auswertung in der Sendung mit sicht-
lichem Vergnügen darauf hin, dass in dem Computer bei
aller Rechenarbeit noch viel Platz für viel Welt sei – er
ließ seinen Arm dabei großzügig über eine Menge auf-
gereihter Magnetbänder streifen – und ein UNIVAC zum
Beispiel bald immer bessere Wettervorhersagen erlauben
würde. Die Welt hatte Zugang zu einem digitalen Raum
bekommen, und die Menschen konnten dabei zuschauen,
wie andere daran gingen, sich in dem neuen Raum auf
Dauer einzurichten und danach versuchten, das eroberte
oder geschaffene Gebiet auch zu strukturieren.

Die Entwicklung von Elektronengehirnen, die rechnen konnten, gehört zu den großen Leistungen der
1950er-Jahre, die in historischen Rückblicken gerne als
langweilig im Vergleich zu den aufregenden 1960er-
Jahren betrachtet werden, als endlich der Muff von 1000
Jahren unter den Talaren weggepustet werden konnte und

---

[3]Gugerli, a. a. O., S. 12.

Abb. 6.1   U.S. Steel und UNIVAC 1956

revolutionäres Gehabe an der Tagesordnung war. Aber man verachte die 1950er-Jahre nicht, in denen mathematisch versierte Menschen bemerkten, wie langweilig das reine Rechnen ist – selbst mit einem Rechenschieber –, obwohl es immer nötiger wurde. Und als man sich deshalb bemühte, den Umgang mit Zahlen in eine Maschine zu verschieben, entdeckte man dabei, wie viele andere Möglichkeiten in den Elektronengehirnen steckten, wie oben bereits erläutert. Man entdeckte zudem, dass Menschen mit ihren algorithmischen Geschöpfen kommunizieren und in Form von Programmiersprachen Anweisungen geben konnten, was dann bereits 1952 zu einer neuen Klage führte, nämlich der, dass die Computer jetzt zwar den Menschen das numerische Rechnen abgenommen, ihnen dafür aber die noch viel langweiligere Arbeit des Programmierens eingebrockt hätten. Als Resultat konzipierten die Computerhersteller das, was sie „Compiler" nannten und in der Lage war, Eingabeanweisungen in eine Form umzuschreiben, die auch von einer anderen Hardware gelesen werden konnte. „Dieses Konzept liegt den modernen Benutzeroberflächen zugrunde, sei es, dass eine Maus verwendet wird, um Symbole oder Objekte auf einem Bildschirm auszuwählen, ein Touchpad oder eine Spracheingabe – was auch immer", wie Paul E. Ceruzzi die historische Bedeutung des Compilers in seiner kurzen Geschichte der *Computer* prägnant zum Ausdruck bringt.[4]

Wer sich heute die amerikanische Wahlsendung von 1952 vorstellt und dann an die vielen Wahlsendungen des deutschen Fernsehens etwa nach Landtags- oder Bundestagswahlen erinnert, kann zum einen sehen, warum die Digitalisierung so unwiderstehlich wurde, befriedigte sie doch das Verlangen des Publikums, seine Neugierde rasch bedient zu bekommen und dabei noch spannend unterhalten zu werden. Er kann aber auch zum zweiten leicht zu der Meinung kommen, dass die Computerhersteller der 1950er-Jahre genau gewusst hätten, was von ihren Maschinen zu erwarten war – außer schnellem Rechnen –, nämlich

---

[4]Paul E. Ceruzzi, *Computer – Eine kurze Geschichte,* Berlin/Wiesbaden 2014, S. 87.

solche prognostischen Auftritte. Aber so war es offenbar nicht, denn „darüber, was zu den wesentlichen Eigenschaften eines Computers zählte, waren sich nicht einmal jene einig, die bereits einen gebaut hatten", wie der Technikhistoriker anmerkt, was zwei Anmerkungen erlaubt.[5] Zum einen hat sich die geschilderte Lage seit den 1970er-Jahren stark geändert, als Leute wie Bill Gates und Steve Jobs in die Arena der Informationstechnologie traten und bei diesem Schritt genau wussten, was sie der Gesellschaft und ihren Menschen anbieten und verkaufen wollten. Und zum zweiten finden sich in der betrachteten Entwicklung das Wissenschaftliche und das Soziale immer stärker mit vereinten Kräften am Werk, und das beide umfangende Band ist das Ökonomische, das sogar von einem weiteren verstärkt wird, nämlich dem der Politik. Während in den 1930er- und auch noch in den 1940er-Jahren große Computerpioniere wie Alan Turing und John von Neumann ihre mathematischen Überlegungen aus Problemen der Grundlagenforschung bezogen und ihren Gedanken ohne direkten praktischen Bezug freien Lauf ließen – Turing zum Beispiel entwickelte seine heute als Turing-Maschine bekannte Idee im Rahmen von Überlegungen zu dem sogenannten Entscheidungsproblem, das auf den Logiker Kurt Gödel zurückgeht und fragt, ob sich der Wahrheitsgehalt von Aussagen in jedem Fall entscheiden lässt –, zeigte sich auch im Gefolge der oben erwähnten Überlegungen von Vannevar Bush, dass Staat und Gesellschaft auf die Fortschritte der Wissenschaft eingehen und sie aufnehmen und fördern sollten, und zwar möglichst massiv. In den 1960er-Jahren zeigte das bereits erwähnte Apollo-Projekt, was möglich ist, wenn politische Vorgaben eine Großforschung entstehen lassen, in denen 100.000 Menschen an einem Strang ziehen und

---

[5]Gugerli, a. a. O., S. 72.

ein definiertes Ziel in der Mondlandung verfolgen, wobei niemandem mehr zu erläutern ist, welche wirtschaftlichen Folgen daraus erwachsen sind – als einfache Stichworte für den Alltag reichen die Teflonpfanne, die Taschenrechner und die Satelliten des GPS. In den 1990er-Jahren zeigte das Humangenomprojekt, was möglich ist, wenn technische Entwicklungen und biomedizinische Fragestellungen erneut eine Großforschung entstehen lassen, in die Milliarden Dollar gesteckt werden, und erneut braucht nicht erläutert zu werden, welche wirtschaftlichen Folgen sich dabei ergeben haben – als kommerzielle Stichworte könnte man eine Fülle von Firmen aufzählen, die mit genetischen Informationen florieren. Und insgesamt zeigt die erfolgreiche und offenbar unwiderstehliche Digitalisierung, ohne die man keine Chance auf eine Sequenzierung der Milliarden Genbausteine eines Menschen gehabt hätte, was möglich ist, wenn sich große wissenschaftliche Ideen mit gesellschaftlichen Wünschen und investitionsbereitem Unternehmertum zusammenfinden, um zuletzt – bislang jedenfalls – ein iPhone zu ermöglichen, mit dem Menschen die Welt in ihrer Hand halten können, ohne sich dabei zu überheben.

Programmiersprachen

Noch hält sich die eigentliche Erzählung in den 1950er-Jahren auf, an deren Anfang der erwähnte Presper Eckert mit Kollegen gebeten wird, einen Vortrag über die Universalmaschine UNIVAC zu halten. Dabei wurde ihre stolze Rechenleistung in den Hintergrund gerückt und dafür betont, dass es von nun an mehr darum ging, Maschinen anzufertigen, die sortieren, klassifizieren und entscheiden können, wozu allerdings noch das fehlte, was bald in Form einer Programmierung und der dazu benötigten Programmiersprachen entwickelt wurde und heute begrifflich jedermann vertraut ist. Zwar kannte man seit den späten 1950er-Jahren erste Programmiersprachen wie Fortran oder Algol – das sind Abkürzungen für Formal Translation und Algorithmic Language –, aber erst in den 1960er-Jahren entstand eine große Nachfrage nach dem Programmieren, wie sich daran zeigt, dass damals nicht nur das Militär, sondern auch staatliche Verwaltungen, Fluglinien, Banken und Versicherungen um Personen warben, die Computerprogramme schreiben konnten und die dazugehörigen Idiome beherrschten. 1964 wurde dann am Dartmouth College in New Hampshire eine Anfänger-sprache entwickelt, die den Namen Beginner's Allpurpose Symbolic Instruction Code erhielt, der in Form der Abkürzung BASIC weltberühmt wurde. Der Ruhm von BASIC kommt in den 1970er-Jahren zustande, als ein Student namens Bill Gates für ein damals beliebtes Gerät mit dem Namen Altair 880, das der Hersteller bereits einen Personal Computer nannte, obwohl es mehr ein Spielzeug war, eine Software namens Altair BASIC ent-warf und anschließend die Computer-Hobbyanwender zum ehrlichen Kauf von Programmen aufforderte, wie sie zum Beispiel das Unternehmen Microsoft anbot, das Gates zusammen mit Paul Allen im April 1975 gegründet hatte. Hier werden die Voraussetzungen erkennbar, die aus dem Computer ein Konsumgut werden ließen, und es sollte betont werden, dass der Schritt von der professionellen zur persönlichen Ausführung auch der Bastlerszene zu ver-danken ist, die ihr Treiben gerne als Spiel verstand – was erklärt, warum die spätere Unübersichtlichkeit des PC von seinen Nutzern ausging, die erwarteten, dass die Compu-ter Texte verarbeiten, Melodien abspielen und die private Buchführung übernehmen können.[6]

---

[6]Martin Burckhardt, *Eine kurze Geschichte der Digitalisierung,* München 2018, S. 170.

Mit diesen Bemerkungen ist die Erzählung über viele Jahre hinweggesprungen, in denen zum Beispiel eine Mathematikerin namens Grace Hopper aus Yale einen Aufsatz über „The Education of a Computer" verfasst und sich allgemein Gedanken über die Sprachentwicklung auch von Maschinen gemacht hat, „immer mit dem Ziel, der Mensch-Maschine-Kommunikation die Verständlichkeit einer natürlichen Sprache zu verleihen", wie Martin Burckhardt in einer *Kurzen Geschichte der Digitalisierung* schreibt, in der er auch darauf hinweist, dass sich mit der Software „das Denken von der Materialität" löst und „zur Einbildungskraft [wird], die nach Belieben, ex nihilo, eine neue Welt zu entwerfen vermag", nämlich den digitalen Raum in der programmgesteuerten Maschine.[7]

Eine digital werdende Welt muss Grace Hopper viel Dank abstatten, weil sie viel Zeit und Mühe investiert hat, um die Welt der Computer auch Nichtspezialisten zugänglich und anwendbar zu machen, und ihrem Kommunikationsgenie gelang es, die verstreute und höchst eigenwillig agierende Gemeinde der Maschinennutzer dazu zu bringen, sich auf eine erste gemeinsame Computersprache zu verständigen, die als COBOL – Common Business Oriented Language – bekannt wurde und bis in das Jahr 2000 das am weitesten verbreitete Computeridiom blieb. Als Hopper einmal nach einem Lebensmotto gefragt wurde, gab sie zur Antwort: „Es ist besser, sich hinterher zu entschuldigen, als vorher um Erlaubnis zu bitten."

Grace Hopper verdankt die Welt daneben auch die Worte „Computerbug" und „Debugging", was man als Entwanzung übersetzen müsste. Als nämlich eines Tages ein Computer trotz bester Programmierung seinen Dienst aufgab und abstürzte, wie man in Fachkreisen sagte, machten sich

---

[7]Burckhardt, a. a. O., S. 153.

einige Leute mit Taschenlampen und dem Schminkspiegel von Grace Hopper auf die Suche nach der Fehlerquelle, die als eine Motte identifiziert werden konnte, die sich zwischen einem Schalter und einem Kontaktteil verfangen und damit alles lahmgelegt hatte. Der Computerbug war gefunden und das Wort geboren, wobei die Zeit, die man in den 1950er-Jahren für das Debugging aufwenden musste, die Rufe nach einem Time-Sharing lauter werden ließ, das 1961 erfolgreich zu werden versprach. Im Juli des Jahres gab es die ersten Meldungen, dass einzelne Computer mehrere Firmen bedienen konnten, und es gab erste Hochleistungsrechner, die gleichzeitig an mehreren Problemen für mehrere Nutzer arbeiten konnten. Nach und nach wurde aus dem bislang „sturen Computer ein Instrument für Flexibilität", und „metaphorisch gesprochen wurde im digitalen Raum eine Verwaltung geschaffen", was Computerwissenschaftler seit den frühen 1960er-Jahren dazu brachte, das zu entwickeln, was heute als Betriebssystem oder OS – *operating system* – bezeichnet wird. Dabei darf nicht angenommen werden, dass Betriebssysteme nebenbei entstanden, und es ist bekannt, dass das Unternehmen IBM für die Entwicklung von OS/360 5000 Mannjahre veranschlagt hat.

Als die Verlagerung der Welt in Computern voranschritt und die Umbauten und Umdeutungen vorgenommen wurden, die dazugehörten, wurde der Soziologe Niklas Luhmann auf die *Automation der öffentlichen Verwaltung* aufmerksam, der er seine Habilitationsschrift widmete. Luhmann meint darin, dass „ein erfrischender Denkzwang von dem glücklichen Umstand [ausgeht], dass die Maschinen so teuer sind", und so galt es, gründlich darüber nachzudenken, wie sich die in einer Verwaltung selbstverständlichen Abläufe computerkompatibel machen ließen. Wer die dazugehörige Geschichte genauer verfolgt, wird erkennen, worauf der amerikanische Technikhistoriker Thomas Haigh hingewiesen hat, „dass sich aufgrund der

Auslagerung bedeutender Verwaltungsprozeduren in den
großen Archipel der Rechner eine neue Art von Wissens-
trägern ergeben" konnte, „die sowohl informations-
technisch als auch betriebswirtschaftlich besonders fit"
agierten und „dereinst die Macht in Firmen oder Behörden
übernehmen" würden.[8]

Das Wechselspiel zwischen Computern und Verwaltungen bietet viel historischen und konzeptionellen Stoff zum Denken, wobei mindestens die Frage
zu beachten ist, wie man sich die Berechenbarkeit der
Funktionsweise von sozialen Systemen vorzustellen hat.
Für den Historiker Gugerli besteht kein Zweifel daran,
dass sich Luhmann „vom abstrakten Regelspiel inspiriert
ließ, das Rechner für ihren Betrieb benötigten, und ebenso
von Konzepten und Prozeduren, die im Bereich der Organisation von Rechnern Verwendung fanden". Mit anderen
Worten, Luhmann versucht, erst den Computer zu verstehen und mit seiner Hilfe dann die Verwaltung und die
Gesellschaft, die ihn einzig interessiert. Vielleicht hat er
sich dabei an dem großen Charles Darwin orientiert, der
die Anpassungen in der Natur begreifen wollte und dies
erst vermochte, nachdem er der Sozialordnung seiner Zeit
genügend Aufmerksamkeit gewidmet hat und anschließend mithilfe der dabei gewonnenen Einsichten der Evolution in der Natur mit ihrer Selektion auf die Schliche kam.

Auf dem Weg zum Internet

In den 1960er-Jahren wurde immer noch der Bedarf an
Rechenkapazität und damit an entsprechender Software
und dem dazugehörigen Personal unterschätzt, und zwar

---

[8]Siehe zu diesen Passagen Gugerli, a. a. O., S. 81–83.

sowohl bei der Raumfahrtbehörde NASA als auch beim
Computerhersteller IBM, die anfänglich den Einsatz von
etwa 160 Computerspezialisten für das Apollo-Projekt veranschlagt hatten und die Zahl schließlich auf über 600
erhöhte. Zwei Drittel davon wurden allein für die Programmierung von Betriebssystemen eingesetzt. Um das
Weltall in den Computer zu verschieben, bedurfte es eines
riesigen rechentechnischen Aufwands, wobei sich in histo-
rischer Perspektive nicht übersehen lässt, dass die „hoch-
technisierte Komplexität [des Kontrollraums in Houston]
kaum mehr zu durchschauen war, nicht einmal von jenen,
die in ihm arbeiteten", wie Gugerli amüsiert notiert.[9]
Man hatte sich auch unendlich viel vorgenommen und
in dem nationalen Projekt nicht nur angefangen, die
Berechnungen der Raumfahrten, sondern auch deren
Überwachung im Computer anzusiedeln. Man hat es
sogar geschafft, „mit Apollo 8 das Bild des blauen Planeten
als ‚Raumschiff Erde' in den Kontrollraum" zu bringen.

So bewegt und fast revolutionär die politischen und
kulturellen Entwicklungen der 1960er-Jahre auch waren,
für den digitalen Raum sind sie bedeutungslos geblieben.
Es spielte keine Rolle, ob die Programmierer Krawat-
ten oder Bärte trugen, und die Zahl der Rechner nahm
gewaltig zu. Inzwischen gab es das schon erwähnte Unternehmen Fairchild Semiconductor, in dem Gordon Moore
über die Zukunft der integrierten Schaltung nachdachte
und sein berühmtes Gesetz formulierte. In den Firmen
fingen die Computerspezialisten an, über maschinen-
unabhängige Software nachzudenken, und im Juni 1969
kündigte IBM an, Software und Hardware von nun an
separat anzubieten. Diese Trennung gilt als Geburtsstunde
einer eigenständigen Softwareindustrie, und der digitale

---

[9]Gugerli, a. a. O., S. 93.

Raum „erlebte eine präzedenzlose Veränderungsdynamik",
die unter anderem dazu führte, dass Banken ihre Trans-
aktionen dorthin verlegten und auch das Bundeskriminal-
amt in Wiesbaden anfing, polizeiliche Fahndungen im
Rechner zu organisieren.

Im Jahr 1969 lud auch die „Association for Computing Machinery" (ACM) ihre Mitglieder nach New York
zu einer Tagung mit dem Thema „Computers and Cri-
sis" ein, unter anderem, um über die Frage diskutieren
zu können, wie sich die Kommunikation in den Rechner
verlegen lässt, wobei man sich erinnert, dass die Pioniere
der Kybernetik in dieser sozialen Verständigung der Menschen untereinander und mithilfe von Maschinen das
sahen, was Gesellschaften ausmacht und verbindet. Computer wurden immer weniger als Rechenmaschinen und
dafür umso mehr als Geräte betrachtet, mit denen Menschen Kontakt aufbauen und miteinander Nachrichten
austauschen konnten, was insgesamt dazu führte, „die
Aufmerksamkeit weg von den Maschinen und Programmen und hin auf die Nutzer und ihre Verbindungen zu
verlagern". Der bereits erwähnte Psychologe Licklider hat
damals einen Artikel über „The Computer as a Commu-
nication Device" verfasst und insgesamt als Mitarbeiter
einer nach dem Sputnik-Schock von 1957 durch Präsident Eisenhower gegründeten Forschungsabteilung des
amerikanischen Vereidigungsministeriums namens ARPA
(Advanced Research Project Agency) die Notwendigkeit betont, die Voraussetzungen für einen integrierten
Zusammenschluss von Computern zu schaffen. Zugleich
waren zum einen die technischen Voraussetzungen dafür
geschaffen worden, die Maschinen über vorhandene Nach-
richtenkanäle interagieren zu lassen, und hatte sich zum
zweiten in den Unternehmen der Gedanke durchgesetzt,
dass nicht nur Rechner und Programme, sondern auch
Verbindungen wesentlich zum Wachstum der Branche

beitragen könnten, was das große Unternehmen IBM lange ignorierte. In der Folge entstand zunächst auf der Grundlage von Lickliders Anregungen das ARPANET, in dem die Computer, die an verschiedenen amerikanischen Universitäten für das Verteidigungsministerium tätig waren, in einem dezentralen Rechnernetz miteinander verbunden wurden, aus dem dann der Verbund hervorgegangen ist, der seit den frühen 1980er-Jahren als Internet bezeichnet wird und den inzwischen jeder kennt und nutzt. Als das Internet in Umlauf kam, wählte übrigens das Magazin TIME den Computer zur „Persönlichkeit des Jahres". Die Maschine hatte ab 1982 den Menschen immer mehr zu sagen, und die Menschen hörten immer genauer hin.

Zuvor in den 1970er-Jahren hatte eine Fülle von Beatniks beim Herumtippen auf den Keyboards versucht, sich die Computer zunutze zu machen, was merkwürdigerweise dazu führte, dass die Manager des Unternehmens Xerox, das die berühmten Kopiermaschinen mit ihrer Xerographie entwickelt hatte und das einen eigenen Forschungspark im kalifornischen Palo Alto unterhielt, in dem die Graphical User Interface, die grafische Benutzeroberfläche, und der erste Laserdrucker präsentiert wurden, die Arbeit am Computer als Frauenkram abtaten. Das führte dazu, dass man bei den Kopiermaschinen bleiben und den anderen wie Microsoft das große Geschäft überlassen musste. Dabei agierte in den Reihen von Xerox ein Mann namens Robert Metcalfe, der ein System zum Datenaustausch entwickelte, das Ethernet genannt wurde und in seinem Namen den Begriff Äther aufnahm, mit dem die Physiker im 19. Jahrhundert das Medium meinten, in dem sich Funkwellen ausbreiteten. Metcalfe meinte sogar, ein Gesetz formulieren zu können, nach dem der Nutzen eines Kommunikationssystems proportional zur Anzahl der möglichen Verbindungen zwischen den

Teilnehmern wächst, und er hielt solche Nachrichtennetze für eine soziale Notwendigkeit. Martin Burckhardt ist des Lobes voll von diesem Ethernet, das „nichts Geringeres als eine Gesellschaftsrevolution" darstellt, denn „hier ticken schon all jene Konzepte, die erst mit großer Verspätung in unserer Internetökonomie Massenwirkung entfalten: das Teilen (Sharing) von Ressourcen, die Möglichkeit des verteilten Rechnens (Distributive Computing), die Ubiquität der Information (die Logik der Cloud), die Gruppenarbeit".[10] Das Ethernet findet heute in einer industriellen Version in Fertigungsanlagen Anwendung, und Kreuzfahrschiffe setzen seine leistungsfähigen Verbindungen zunehmend für den schnellen Datenaustausch weltweit ein.

Das breite Publikum hält sich mehr ans Internet, das seit den 1980er-Jahren erst amerikanische Universitäten und dann Hochschulen weltweit miteinander verband, wobei seine Nutzer anfingen, Verhaltensregeln aufzustellen und so etwas wie eine Netzkultur zu entwickeln, die vielleicht im Rahmen einer Cybergesellschaft analysiert und historisch verstanden werden kann – wobei viele Menschen, die das Internet nutzen, besorgt verfolgen, wie aus einem ursprünglich kreativen und kommunikativen Medium ein kommerzielles und kontrollierendes Mittel geworden ist.

Im Jahre 1989 – dem Jahr der politischen Freiheit – denkt am europäischen Forschungszentrum CERN bei Genf ein junger Physiker namens Tim Berners-Lee über Freiheiten im Netz und eine denkbare Weltintelligenz nach, auf die jedermann jederzeit zugreifen kann. Er setzt sich an seinen Computer und entwirft das, was man technisch eine Hypertext-Architektur nennen kann. Ein

---

[10]Burckhardt, a. a. O., S. 179.

Hypertext ist ein Text, der mit anderen Dateien – Text-
oder Bilddateien – verbunden ist und in dem man sich
mühelos durch einfache Klicks von einem Knoten des
Internets zu einem anderen bewegen und dort weiterlesen
oder nachschlagen kann. Kurioserweise hatte sich Berners-Lee zu Beginn seiner Bemühungen vor allem darüber
geärgert, dass in den weiten Computerlandschaften seiner
Institution CERN ständig Informationen verloren gingen,
und so suchte er nach einem System, mit dem sich der
Zugriff auch auf alternde Datenbestände künftig gewähr-
leisten ließ. Das Resultat kennt die Welt heute als WWW,
als World Wide Web, das seit 1993 der Öffentlichkeit
kostenlos zur Verfügung steht. „Vier Jahrzehnte nach der
großen Einladung des UNIVAC war die Welt damit im
Computer angekommen", wie Gugerli seine Geschichte
resümiert, die sich hier noch etwas ergänzen lässt.[11]

Der PC

Auf der erwähnten Tagung der ACM und bei den Überlegungen des Psychologen Licklider taucht neben dem
„User" auch eine besondere Person namens „end user" auf,
für den ein Computer in ein Konsumgut zu verwandeln
war. Man nennt das Ergebnis heute PC, Personal Computer, und meint damit eine allgemein einsetzbare und intelli-
gente Maschine, die sich für spezifische Aufgaben und eine
geringe Zahl von individuellen Nutzern eignet. So deutlich die Zeichen der Gesamtentwicklung sich schon länger
in diese Richtung bewegten – im historischen Rückblick
will es jedenfalls so scheinen –, konnte dennoch niemand
die Schwierigkeiten übersehen, die auftreten, wenn man

---

[11]Gugerli, a. a. O., S. 191.

Büroarbeiten in den digitalen Raum zu verlegen versucht, handelt es sich dabei doch um individuell verschiedene Tätigkeiten, die jeder nach seinen eigenen Aufgaben und Vorlieben durchführt. So nimmt es nicht Wunder, dass der im Sommer 1981 von IBM vorgestellte PC mit Skepsis begrüßt wurde. Es sollte dann auch noch bis 1984 dauern, bis die Welt in einen persönlichen Computer verschoben wurde, und zwar mithilfe des von dem Unternehmen Apple in diesem Jahr ausgelieferten Macintosh, der nicht nur ein formschönes und höchst einfach zu bedienendes Gerät war, sondern dessen Vorstellung von einem riesigen Werbeaufwand begleitet wurde. Berühmt wurde ein während der TV-Übertragung des Super Bowl 1984, des Endspiels um die US-Footballmeisterschaft, ausgestrahlter Werbespot, in dem Apple auf den Roman *1984* von George Orwell Bezug nahm. Bei Orwell taucht bekanntlich ein Big Brother auf, der die Menschen bis in ihre Privatsphäre bewacht und auch ihre Sprache kontrolliert. Apple kündigte nun seinen MacIntosh an und versprach, mit ihm würde 1984 nicht wie *1984*. Im Werbespot tritt eine junge Frau auf, die mit einem Vorschlaghammer auf den Bildschirm mit dem Großen Bruder zugeht und ihn zertrümmert.

Apple verkündete in seiner weiteren Kampagne, man wolle nicht den Leuten etwas über Computer beibringen, man wolle vielmehr der Maschine alles über die Menschen beibringen, die ihr Gerät dann mit Leichtigkeit bedienen konnten. Der PC begrüßte seine Nutzer mit einem freundlichen „Hello" auf dem Bildschirm und nannte dann seinen Namen, Macintosh eben. Mit ihm und dank Apple wurde der Computer zum Massenprodukt, „das im Kopf hängen blieb, unter die Haut ging und sich im Geflecht der Nervenzellen verfing".[12]

---

[12]Burckhardt, a. a. O., S. 195.

Die gemeinsame Geschichte von Apple und Steve Jobs ist allerdings nicht gradlinig verlaufen. Nach der Einführung des MacIntosh, den man als den ersten kommerziell erfolgreichen Computer ansehen kann, der mit einer grafischen Benutzeroberfläche ausgerüstet war und sich mit der berühmten Maus bedienen ließ, überwarf sich Jobs, der von seinen Kunden als Schutzheiliger verehrt wurde, während er sich firmenintern wie ein Tyrann aufführte und für seine Wutausbrüche berühmt war, mit anderen Führungskräften bei Apple, und er schied aus dem Unternehmen aus. Die Trennung hat vor allem dem Unternehmen geschadet, das in die roten Zahlen geriet und Jobs 1997 zurückholte, indem es die Firma NeXT kaufte, die der verlorene Sohn in den späten 1980er-Jahren auf den Weg gebracht hatte. Mit Jobs kam Apple wieder in die Gewinnzone, und zwar dank einer Reihe von Produkten, die alle mit einem kleinen i beginnen, um ihre Verbindung zum Internet von Anfang an klar zu machen: Gemeint sind der iMac, das tragbare Musikabspielgerät iPod, die Internet-Handelsplattform iTunes für Videos, Filme und anderes, und 2007 das iPhone, mit dem Apple das vermitteln konnte. Was inzwischen Digital Lifestyle heißt und das Lebensgefühl meint, das technischer Fortschritt liefern kann, wenn Informations- und Unterhaltungselektronik verschmelzen. Indem Steve Jobs auf eine intuitive Bedienung erst des iPhones und bald auch des iPads bestand, und er „seine Produkte nicht als tote Dinge, sondern als animierte Wesen begriff, als Zauberspiegel, in denen [der Mensch], in veredelter Form, sich selbst wiedererkennt", indem er selbst „das Auspacken des Geräts nicht als bedeutungslosen Akt, sondern als

Ereignis" betrachtete und für seine Kunden inszenierte,[13] konnte mit den Kunden des iPhones der neue Mensch entstehen, der aber trotzdem versuchen sollte, so über die Wunder der Wissenschaft zu staunen, wie der alte. Kap. 6 soll ihm dazu die Chance bieten.

---

[13]Burckhardt, a. a. O., S. 188 und S. 195.

7

Die Wissenschaft hinter dem Wunder

Wenn Albert Einstein meint, es lohne sich für Menschen, die nicht als Kühe durchs Leben traben wollen, einiges von den Wundern der Wissenschaft zu kennen und vielleicht sogar zu verstehen, dann meint er es sicher nicht so platt wie der Soziologe Max Weber, der seine Entzauberungsanhänger gefragt hat, ob sie zum Beispiel wissen, wie eine Straßenbahn losfährt und anhält. Einstein wollte mit seiner Bemerkung von 1930 weniger technische Details und mehr die Kultur der Wissenschaft ins Auge fassen, zu der nicht zuletzt ihre Geschichte gehört. Als er nach den Goldenen Zwanzigern die Funkausstellung in Berlin eröffnete, hatte es in den Jahrzehnten zuvor einen dramatischen Umsturz im Weltbild der Physik gegeben, der pünktlich mit dem neuen Jahrhundert anfangen konnte, nachdem Max Planck gegen Ende des Jahres 1900 den Vorschlag gemacht hatte, der heute in Form von Quantensprüngen Eingang in Politikerreden gefunden und die Quantenmechanik hervorgebracht hat,

© Springer-Verlag GmbH Deutschland, ein Teil von Springer Nature 2020
E. P. Fischer, *Die Welt in deiner Hand*,
https://doi.org/10.1007/978-3-662-60726-8_7

mit deren Hilfe Transistoren konstruiert werden konnten und der Bill Gates mindestens 30 % seines Reichtums verdankt.[1] Wissenschaft verstehen muss nicht nur heißen, dass man das Himmelsblau als Streulicht an atmosphärischen Partikeln, einen Transistor prinzipiell durch die Idee eines Ventils und die Verbrennung eines Stoffes durch seine Verbindung mit Sauerstoff zu erklären weiß, was alles auch schön ist und Freude machen kann. Wissenschaft verstehen sollte auch heißen, dass selbst dann, wenn man mit dem Streulicht hantiert, das elektronische Ventil öffnet und den Sauerstoff bemüht, dass selbst dann vor allen Dingen Rätsel auftauchen und das Geheimnisvolle der Phänomene an Tiefe nicht ab-, sondern zunimmt. Wer weiß denn zu sagen, was genau passiert, wenn Licht auf ein Molekül trifft, wenn Ströme durch dotierte Halbleiter fließen und wenn sich ein flammender Stoff mit dem Sauerstoff zusammenfindet, auch wenn jede Reaktion ziemlich genau berechnet werden kann? Die Wissenschaft hinter den Wundern der Technik – und erst recht hinter dem Wunder in des Menschen Hand – liefert in jedem Punkt, auf den sich das Interesse richtet oder eine Frage zielt, eine unendliche und stets zauberhafte Geschichte, die dabei zusätzlich ihre eigene Historie mit sich bringt, die für sich allein ebenfalls lohnend ist. Wissenschaft verstehen, heißt auch ihre Herkunft verstehen, was vor allem dazu führt, dass man sich überhaupt eine Vorstellung von der Entwicklung machen kann, die zu den Wundern geführt hat, derer sich jeder Einzelne und die Gesellschaft als Ganzes bedient. Es lohnt sich auf jeden Fall, „Elemente einer Geschichte der Wissenschaften" zu kennen, wie sie zum Beispiel in einem von Michel Serres herausgegebenen

---

[1]Ken Steiglitz, *The Discrete Charm of the Machine,* Princeton 2019, S. 9.

Band mit diesem Titel nachzulesen ist.[2] An dieser Stelle soll versucht werden, einen Überblick über einige der dazugehörigen Geschehnisse zu geben, ohne deren Kenntnis es ausgeschlossen ist, ein Verständnis der Gegenwart zu bekommen, wie es Historiker, Philosophen und andere Geistesgrößen doch wohl anstreben. Ohne Wissenschaft versteht man die Gegenwart falsch, und es gibt kein richtiges Argumentieren im Falschen.

Die Idee des Fortschritts

Wissenschaft in dem Sinne, wie sie heute betrieben wird, beginnt im frühen 17. Jahrhundert, als die Idee des Fortschritts aufkommt, die Menschen mithilfe des Verstandes – und von Experimenten – versuchen lässt, die künftige Welt besser zu machen als die vorherige war. Während die Vertreter der Kirche die leidenden Menschen auf eine himmlische Existenz nach ihrem Ableben vertrösteten, schlugen die Pioniere der westlichen Wissenschaft vor, die Gesetze der Natur zu erkunden, um sie im Diesseits so nutzen und einsetzen zu können, dass die Bedingungen der menschlichen Existenz erleichtert werden. Man wollte zum Beispiel herausfinden, wie Lebensmittel haltbar gemacht werden können, wie sich Schmerzen behandeln lassen und Fieber senken lässt, wie Wohnungen mehr Wärme zugeführt und gespeichert werden kann, wie man weitere Mobilität bekommt, und so kamen viele Fragen im 17. Jahrhundert auf, die damals natürlich nicht sofort beantwortet werden konnten. Aber die Menschen fingen an, sich um diese Themen zu kümmern, wobei sich die europäischen

---

[2]Michel Serres, *Elemente einer Geschichte der Naturwissenschaften,* Frankfurt am Main 1994.

Gesellschaften ab dem 19. Jahrhundert in der Lage zeigten, spürbare Erfolge zu feiern. Sie ergaben sich im Anschluss an die historischen Abläufe, die Geschichtsbücher als industrielle Revolution aufführen und mit Dampfmaschinen beginnen lassen und in deren Folge es zu zahlreichen Gründungen großer Industrieanlagen kam. Berühmt aus dieser Zeit sind nicht zuletzt chemische und pharmazeutische Firmen, wobei die Letzteren aus Apotheken entstanden waren. Die Menschen wollten sich nicht weiter mit dem Kindersterben abfinden, und sie hatten längst den Glauben und die Hoffnung aufgegeben, an dieser Stelle würden Gebete helfen. Man musste nicht auf Hilfe von oben warten und konnte versuchen, sein Schicksal in die eigenen Hände zu nehmen (zu manipulieren). Was man brauchte, waren geeignete Medikamente, die man im Laufe der Zeit anzufertigen lernte und die heute zum Beispiel als Antibiotika so verbreitet sind, dass es fast zu viel wird und sich längst niemand mehr fragt – außer den Fachleuten –, wie solch ein Wundermittel wirkt. Als die ersten Antibiotika verfügbar waren, erschienen sie den Ärzten wahrlich wie Wundermittel, denn um eine Lungenentzündung zu heilen, brauchte jetzt niemand mehr sieben Jahre in einem Sanatorium auf einem Zauberberg zu verbringen – mit geringen Aussichten auf Heilung. Es reichte ein Schluck aus einer Flasche, in der eine Substanz namens Chloramphenicol enthalten war, die später durch das Wundermittel Penicillin ersetzt werden konnte. Leider gewöhnen sich verwöhnte Menschen an solche Wunder, und man nimmt sie als selbstverständlich hin – wie die Kühe ihr Futter auf der Weide.

Zu den vergessenen Wundern des 19. Jahrhunderts gehört die Elektrifizierung der Haushalte, die möglich wurde, nachdem der Italiener Allessandro Volta um 1800 eine erste Batterie zusammengesetzt und der Engländer Michael Faraday die elektromagnetische Induktion bemerkt hatte, bei der ein bewegter Magnet einen elektrischen Strom in Gang setzt. Als der stolze Faraday seine Beobachtung aus dem Jahre 1831 einem Lokalpolitiker zeigte, meinte der in seiner harmlosen Naivität: „Und was kann man damit anfangen?" Faraday erwähnte etwas von Licht und Wärme in den Wohnstuben und ergänzte seine Erläuterung mit dem Hinweis, dass die Politik darauf Steuern erheben könne.

Zum Ende des 19. Jahrhunderts wirkten sich wissenschaftliche Entwicklungen allmählich so stark auf das Leben der Menschen aus, dass Alfred Nobel seinen berühmten Preis stiftete, um diese Fortschritte zu fördern und zu würdigen, was ihm auch als ein Weg zum Frieden auf Erden schien. Als er sein Testament entsprechend formulierte, hatte zum Beispiel Heinrich Hertz in Karlsruhe den Umgang mit elektromagnetischen Wellen gelernt und zeigen können, dass sie zum einen in sichtbarer Form existieren und dabei das Licht ausmachen, das die Welt erhellt, und dass sie daneben aber auch in unsichtbarer Form vorkommen, in der sie sich als Radiowellen ausbreiten und schließlich den Rundfunk ermöglichen, der heute noch ein beliebtes Medium ist.

In den letzten Jahren des 19. Jahrhunderts passierte noch sehr viel mehr in der Wissenschaft. So bemerkten die Physiker zum Beispiel, dass Atome zum einen radioaktiv zerfallen können und dass sie zum zweiten gar nicht so unteilbar waren, wie ihr alter (griechischer) Name suggerierte. Vielmehr ließen sich aus diesen Atomen kleinere Einheiten mit negativer Ladung herauslösen und zu einem Strahl bündeln. Die Wissenschaft bezeichnete diese Bestandteile der Materie als Elektronen, man konnte sie in Elektronenröhren strömen lassen und mit diesen Geräten bald elektrische Signale erzeugen, verstärken, modulieren und gleichrichten. Mit anderen Worten, die Wissenschaft hatte das Tor zu dem Weg geöffnet, an dessen Ende man der Welt erst elektronische Gehirne und heute Handys mit Transistoren und Chips präsentieren konnte.

Wie die Wissenschaft ihre Unschuld verlor

Die Entwicklung der Wissenschaft führte im Laufe der hier überblickten Jahrhunderte zu einer „*Culture of Growth*", zu einer Kultur des Wachstums also, wie der amerikanische Wirtschaftshistoriker – nicht Wissenschaftshistoriker – Joel Mokyr sein Buch betitelt, in dem er die Ursprünge der modernen Ökonomie analysiert und der den Naturforschern zu verdankenden „*useful knowledge*" dabei großen Raum zugesteht.[3] Es gehört zum Schicksal von jedem nützlichen Wissen, dass sich irgendwann nicht nur Unternehmer und Konsumenten, sondern auch Politiker und Generäle dafür interessieren. Und so kam im 20. Jahrhundert, was kommen musste und was Historiker so beschreiben: Die Wissenschaft hat ihre Unschuld verloren.[4] Das berühmte frühe Beispiel liefert der Chemiker Fritz Haber, dessen Motto lautete: „Im Frieden für die Menschheit, im Krieg für das Vaterland." Als es im Verlauf des Ersten Weltkriegs zu Grabenkämpfen und sinnlosen Stellungsgefechten kam, verlangte die Oberste Heeresleitung nach einer Waffe, die man um eine Ecke lenken und in die Gräben leiten konnte, in denen sich der Gegner verschanzt hatte. Der Chemiker Haber half dem deutschen Militär mit einem Giftgas, und er gilt seitdem als Erfinder des Gaskriegs, obwohl er 1918

---

[3]Joel Mokyr, *The Culture of Growth – The Origins of the modern economy*, Princeton 2017.
[4]Armin Herrmann, *Wie die Wissenschaft ihre Unschuld verlor*, Stuttgart 1986.

(!) deshalb mit dem Nobelpreis für Chemie ausgezeichnet wurde, weil es ihm vor 1914 gelungen war, das „Brot aus der Luft" zu holen. Haber hatte gemeinsam mit dem Ingenieur und Unternehmer Robert Bosch das heute nach den beiden benannte Haber-Bosch-Verfahren ausgearbeitet, mit dem sich Stickstoff aus der Atmosphäre entnehmen und in ein Düngemittel für den Boden einschleusen lässt.

Als 1939 das Deutsche Reich den Zweiten Weltkrieg vom Zaun brach, war kurz zuvor – im Winter 1938 – zum ersten Mal die Spaltung eines Urankerns beobachtet worden, was ungeheure Energien freisetzen kann, wenn die erste Spaltung eine Kettenreaktion auslöst; dies wird hier nur erwähnt und nicht ausgeführt (was aber ein spannendes Feld für jeden Schulunterricht darstellt und die Neugierde wecken kann). Klar ist, dass mit der Uranspaltung und dem Kriegsbeginn der politisch gewollte und militärisch geförderte Gedanke an eine Atombombe als Massenvernichtungsmittel aufkam, wobei hier der Hinweis interessant sein könnte, dass die Idee zu einer Atombombe weder von einem Physiker noch von einem Politiker stammt. Die Welt verdankt sie vielmehr der Fantasie eines Poeten, und zwar des Briten H. G. Wells, der sich bereits viele Jahre vor der Entdeckung der Kernspaltung in einem Roman mit dem Titel *The World Set Free* vorgestellt und beschrieben hat, wie man mit der Energie von Atombomben seiner Fantasie – Wells kannte die berühmte Gleichung von Einstein, die besagt, dass $E = mc^2$ ist und in einem kleinen Stück Materie eine ungemeine Menge an Sprengkraft steckt – Platz für den Neuaufbau einer ihm verdorben dünkenden Welt schafft.

Wenn die Wissenschaft nach dem Abwurf der amerikanischen Atombomben auf Japan im Jahre 1945 auch zum zweiten Mal ihre Unschuld verloren hatte, so zeigte sich doch politisch denkenden Menschen auf einmal, wie zutreffend sich der ursprünglich im 17. Jahrhundert konzipierte Grundsatz erwies, der besagte: „Wissen ist Macht". Wissen bedeutete jetzt politische Macht, und in den USA versuchte man ihrer habhaft zu werden, zum einen durch die Gründung einer nationalen Forschungs-agentur, wie sie Vannevar Bush angeregt hatte und was in Kap. 4 beschrieben worden ist, und zum zweiten durch Einrichtung von Instituten für Advanced Studies, also für Zukunftweisende Forschung, die „The Usefullness of Use-less Knowledge" beweisen sollte, mit der Abraham Flexner die Förderung der Grundlagenwissenschaft begründete.[5]

Natürlich konnte man längst Geld verdienen mit der Wissenschaft, was als einer der Ersten der erwähnte Bill Shockley verstanden hatte, der im heutigen Silicon Val-ley die seinen Namen tragende Halbleiterfabrik gründete, der viele nachgefolgt sind. Mit der Wissenschaft ließ sich auch die Überlegenheit eines Landes (und seiner Kultur) beweisen, wie spätestens das Apollo-Projekt der Mond-landung zeigt, das in den 1960er-Jahren als eine Reaktion auf den Sputnik-Schock von 1957 ins Leben gerufen wor-den war. Die ersten kommerziellen Auswirkungen in Form von Alltagsprodukten solch einer staatlich organisierten Großforschung hielten die Menschen in den 1970er-Jahren in den Händen, und zwar in Form der Taschen-rechner, mit denen man sich endlich von den alten Rechenschiebern verabschieden konnte, mit denen der Autor dieser Zeilen noch in seinem Mathematikunterricht in der Schule umzugehen lernte.

---

[5]Abraham Flexner, *The Usefulness of Useless Knowledge,* Princeton 2017; Originalausgabe 1939 Harper's Magazine.

Große Forschung und Großforschung

In der zweiten Hälfte des 20. Jahrhunderts tauchten vermehrt Projekte einer Großforschung auf, wie man sagte und was skeptische Philosophen zu der Bemerkung veranlasste, dass Großforschung nicht dasselbe sei wie große Forschung. Es wurde allerdings immer klarer, dass beide – die Großforschung und große Forschung – immer mehr Geld kosteten, was dann zum Beispiel in dem Riesenvorhaben, das die Biologen seit Mitte der 1980er-Jahre ins Visier nahmen und das sie als Humangenomprojekt bis ins 21. Jahrhundert beschäftigte und in Atem hielt, dazu führte, dass die staatliche Förderung plötzlich mit privatwirtschaftlichen Investitionen im Wettbewerb stand und gegen kommerzielle Interessen anrennen musste. Zum Glück siegte zum Schluss die menschliche Vernunft mit ihrer Kooperationsbereitschaft, denn als die beteiligten Wissenschaftler zu Beginn des 21. Jahrhunderts meinten, ihr Ziel erreicht und das menschliche Genmaterial sequenziert und damit offen gelegt zu haben, da traten die Vertreter der Universitäten und staatlichen Institutionen gemeinsam mit den Genetikern vor die Kamera, die im Dienste der Privatwirtschaft tätig geworden waren und nun nach den kommerziellen Früchten ihrer Arbeit Ausschau hielten, während der amerikanische Präsident, Bill Clinton, etwas von der Sprache Gottes murmelte, die Menschen von nun an lesen könnten.

Während die Genetik – wie gerade beschrieben – endlich ihre eigene wirtschaftliche Dimension bekam, war das Silicon Valley längst aus allen Nähten geplatzt, und obwohl die akademische Welt seit 1968 versuchte, ihren Beitrag zu der Entwicklung der Computer und Datenverarbeitung mit einer neuen Disziplin namens „Informatik" zu liefern, hatten längst andere Kräfte den Motor der

Digitalisierung in Schwung gebracht. Zu ihnen gehörten zum Beispiel die Genies aus den Garagen wie Steve Jobs und sein Freund Steve Wozniak, der die Zusammenarbeit der beiden einmal so charakterisiert hat: „Jedes Mal, wenn ich etwas Großartiges entwickelt hatte, fand Steve eine Möglichkeit, es in klingende Münze zu verwandeln."[6] Zu ihnen gehörten überhaupt viele andere Bastler und auch die Hippies mit ihrer Gegenkultur, deren Beitrag zur Geschichte der modernen Gesellschaft gerne unterschätzt oder übersehen wird.[7]

Das scheinbar Nutzlose

Alfred Nobel wollte explizit, dass die Wissenschaftler, die den von ihm gestifteten Preis aus der Hand des schwedischen Königs entgegennehmen und somit dafür ausgezeichnet werden, etwas für den Nutzen der Menschheit getan zu haben. Gemeint war, dass ihnen zum Beispiel die Entdeckung der Röntgenstrahlen oder die Anfertigung eines Impfstoffs gegen Diphterie gelungen war, wofür zu Beginn des 20. Jahrhunderts die ersten Nobelpreise für Physik bzw. Medizin vergeben wurden. Natürlich konnte das Komitee nicht ewig über Personen wie Albert Einstein hinweggehen, auch wenn dessen Relativitätstheorie oder seine Beiträge zur Quantenphysik (noch) keinen unmittelbaren Nutzen erkennen ließen. Die Menschen haben dazu gelernt und inzwischen verstanden, wie nützlich das scheinbar Nutzlose werden

---

[6]Zitiert nach Martin Burckhardt, *Eine kurze Geschichte der Digitalisierung*, München 2018, S. 191.
[7]David Kaiser, *How the Hippies Saved Physics – Science, Counterculture, and the Quantum Revival*, New York 2011; David Kaiser und W. Patrick McGray, *Groovy Science: Knowledge, Innovation, and American Counterculture*, Chicago 2016.

kann, wie sich zum Beispiel in dem GPS als Navigationshilfe im Alltag und bei den Transistoren in jedem iPhone unübersehbar zeigt, die Einsteins Physik ermöglicht hat. Überhaupt trägt viel scheinbar Unnützes zu der Geschichte der Wissenschaften bei, das zu den heutigen Wundergeräten geführt hat, und das fängt mit der beschriebenen Bool'schen Logik in den Schaltkreisen aus dem 19. Jahrhundert an und hört mit der Quantenmechanik im Transistor nicht auf. Scheinbar nutzlos oder zumindest von der Praxis abgehoben wirkten anfänglich auch die frühen Überlegungen des Briten Alan Turing, der sich im Jahre 1936 mit einer mathematischen Fragestellung befasste, die heute „Entscheidungsproblem" heißt. Es ging um die Frage, ob sich innerhalb eines gegebenen theoretischen Rahmens allgemeine Verfahren (Rechenoperationen) angeben lassen, mit deren Hilfe eine Entscheidung darüber getroffen werden kann, ob ein in den Begriffen der Theorie formulierter Satz bewiesen werden kann oder nicht. Der große Mathematiker David Hilbert zeigte sich überzeugt, dass es in seiner Wissenschaft kein „Ignorabimus" geben kann – „Wir können wissen, wir werden wissen", steht auf seinem Grabstein –, aber ein Logiker namens Kurt Gödel hatte gezeigt, dass sich sehr wohl Sätze formulieren lassen, die wahrscheinlich richtig sind, die aber trotzdem nicht bewiesen werden können. Turing dachte sich die in Kap. 5 schon erwähnte Turing-Maschine aus, die in zahlreichen Werken ausführlich analysiert wird; sie überführt den Wahrheitstest in eine praktische Form und legt sich die Frage vor, „ob es möglich sei, einen Algorithmus zu entwerfen, der, aufgrund von Ja-und-Nein-Antworten, die universelle Gültigkeit einer logischen Aussage belegen kann".[8]

Ohne dass hier Details angesprochen werden können, lässt sich an der gegebenen Skizze doch erkennen, warum

---

[8]Martin Burckhardt, a. a. O., S. 96.

zum einen die Digitalisierung in die Maschinen kommt und dass deren Wahrheit zum zweiten davon abhängt, mit welchen Algorithmen sie rechnen kann. Der Ausdruck „Algorithmus" ist längst zum Inbegriff der Maschinenintelligenz geworden, und er meint eine eindeutige Handlungsvorschrift, mit deren Hilfe (mathematische) Probleme erst in Einzelschritte zerlegt und dann in einem Computer berechnet werden können. Das Wort „Algorithmus" leitet sich übrigens von dem Namen des persischen Rechenmeister Al-Chwarizmi ab, der im achten nachchristlichen Jahrhundert in seiner Heimat das indisch-arabische Zahlensystem einführte, dabei als Erster schriftlich rechnete und bei seinem Treiben nach systematischen Lösungen suchte. Heute stellen Algorithmen für manche Zeitgenossen den Alptraum dar, wenn sie befürchten, dass die Maschinen damit auch gehobene Berufe übernehmen und Menschen aus ihren Jobs verdrängen können. Für andere bieten Algorithmen die Chance, aus der Weltveränderung von Steve Jobs eine Weltverbesserung zu machen, da mit ihrer Hilfe viele der Fehler, die Menschen machen – *errare humanum est* –, vermieden oder abgestellt werden können, ganz im Sinne des Theologen Hieronymus, dem die Menschheit die gerade zitierte Weisheit – Irren ist menschlich – verdankt, die im Original noch eine Ergänzung kennt. Es heißt bei Hieronymus im vierten nachchristlichen Jahrhundert: *Errare humanum est, sed in errare perservare diabolicum.* Im Irrtum zu verharren ist teuflisch. Und die Algorithmen können das verhindern. Als Beispiel wird ein Start-up-Unternehmen vorgestellt, das sich „Narrative Science" nennt und einen Algorithmus anbietet, der Texte aller Art generiert, was vor allem dann gut gelingt, wenn viele statistische Informationen zu verarbeiten sind wie in Berichterstattungen aus der Finanzwelt oder bei Sportereignissen. Mit solchen Initiativen „verschieben Algorithmen die Grenzen zwischen dem, was als kreativ, und dem, was als mechanisch verstanden wird",[9] und da sie zudem dynamischer werden und sich anpassen können, gilt es für den die Maschinen nutzenden Menschen darüber nachzugrübeln, was ihm seine Freiheit wert ist und wie er dafür sorgen kann, dass sie nicht irrelevant wird. Was die Algorithmen derzeit ermöglichen, kennt die Geschichte aus dem 19. Jahrhundert, als die Verwissenschaftlichung der Medizin die Gesundheit zu einer technischen Größe und den Patienten zu ihrem Objekt machte.

Zurück zu Turings Konstruktion, in der schon die Möglichkeit steckt, dass die Maschine alle Zeit der Welt benötigt, um eine Aufgabe zu lösen, was im Prinzip die Unlösbarkeit des Entscheidungsproblems demonstriert. Die Welt ist einfach nicht berechenbar – auch nicht in den leistungsfähigsten Maschinen, selbst wenn die sozialwissenschaftlichen Träumer endlos und ohne Haltepunkt von einer Entzauberung der Phänomene schwärmen (ohne irgendein technisches Detail ernst genug zu nehmen, um es zu verstehen). Um es deutlich zu sagen: Selbst einfach formulierbare Aufgaben können auch in dem schnellsten Computer nicht berechnet oder gelöst werden, wenn ihm nicht mehr Zeit zur Verfügung steht als das Alter des Universums. Die Fachleute sprechen von der „Zeitkomplexität eines Algorithmus", die von der gestellten Aufgabe abhängt. Soll ein Computer zum Beispiel eine Liste von Namen in ihre alphabetische Ordnung bringen, wird die erwähnte Komplexität klein und das Thema bald erledigt sein. Soll ein Computer hingegen eine Gruppe von Orten so untereinander durch ein Straßennetz verbinden, dass die gesamte Länge der Wege ein Minimum annimmt, dann nimmt die Zeitkomplexität mit der Zahl der Orte derart rasch zu, dass das Problem für die Praxis unlösbar wird.

---

[9]Felix Stalder, a. a. O., S. 176.

Wissenschaft in der Praxis

Es lohnt sich nicht nur die historische Bedeutung von Wissenschaft am Handy zu erlernen, man kann auch versuchen, einige ihrer technischen Raffinessen in geziemenden Details zu erkunden. Natürlich wimmelt es im iPhone von großartiger Physik und Chemie (und in der haltenden Hand von Biologie und Physiologie), und das Gerät liefert eine Fülle von Themen für den naturwissenschaftlichen Unterricht, womit es den dafür zuständigen Lehrerinnen und Lehrern beliebig leicht fallen müsste, das Interesse der ihnen anvertrauten Mädchen und Knaben zu wecken. Als ich auf den Bänken im Physiksaal meines Gymnasiums hockte, gab sich der unterrichtende Oberstudienrat größte und zeitraubende Mühe, die Gravitationskonstante zu messen, die in Newtons Gesetz der Schwerkraft auftritt, und auch wurde den Knaben – ich ging auf eine reine Jungenschule – in einem Versuch mit kompliziertem Aufbau gezeigt, dass Licht interferieren kann. Aber zum einen hätte man das Phänomen auch an einem Kamm oder einer Gardine studieren können – der Fachmann spricht dabei von einem Gitter –, was mehr Eindruck hinterlassen hätte, und zum zweiten interessierte meine Klassenkameraden damals und interessiert die Schülerinnen und Schüler heute viel mehr, was ihnen im Alltag begegnet – in meiner Schulzeit das Telefon mit seiner Wählscheibe und in diesen Tagen das Smartphone, erst mit seinen Tasten und inzwischen mit der berührungsempfindlichen Oberfläche in Form eines Touchscreens.

Es gibt eine äußerst einfache Frage, die einem hilft, bei dem Versuch, sie zu beantworten, eine Menge über die Naturwissenschaften und die Technik zu lernen. Die Frage lautet: Wie gibt man eine Telefonnummer in einen

Apparat ein? Und sie macht weiter neugierig auf Folge-fragen der Art, a) wie das Eingabesignal seinen Weg zum Empfänger findet und b) wie es gespeichert und zur Wahl-wiederholung benutzt werden kann.

Wer alt genug ist, wird sich erinnern, dass die ers-ten Fernsprecher zu Hause oder in den Telefonzellen auf der Straße mit einer Wählscheibe ausgestattet waren, mit deren zehn Löchern man die Ziffern 0 bis 9 wählen konnte. Wer die aufgezeichnete Präsentation von Steve Jobs auf der MacWorld 2007 anschaut, kann sich über den Witz freuen, bei dem er erst die damals handelsüb-lichen Smartphones mit ihrer Tastatur zeigt, um dann sei-nen Spruch von der Neuerfindung des Telefons loszulassen und ihn diesmal mit der Ankündigung *„Here it is!"* abzu-schließen. In diesem Augenblick erscheint auf der Lein-wand allerdings nicht sein revolutionäres Produkt, sondern ein Smartphone, auf das man eine Wählscheibe im alten Stil montiert hat, und alle im Publikum lachen. Nun greift Jobs in seine Tasche, zieht das erste iPhone heraus und sagt: *„No, this is not it; here it is, but we leave it here for a while"*, und dann steckt er das Wunderding zurück in seine Blue Jeans, um erst einmal mehr über die Ent-wicklung des iPhones erzählen zu können.

Auf jeden Fall verbindet selbst ein Mann wie Jobs den Gedanken an ein Telefon zuerst mit einer Wählscheibe, und so scheint es, dass an diesem Nummernschalter etwas zu lernen ist. Er verfügt tatsächlich über eine lohnende Geschichte, die hilft, dem schlichten und mit einem Datum versehenen Ausdruck von der „Erfindung des Telefons" eine tiefere Dimension zu geben. Oder meint jemand, wenn er von der „Erfindung des Telefons" hört, damit wäre das Gerät gemeint, das früher im Flur einer Wohnung stand oder hing? Die „Erfindung des Telefons", mit dem Menschen schließlich miteinander den gewünschten Kontakt auf-nehmen können, ist ein langwieriger Vorgang, zu dem viele

Schritte gehören, unter anderem der, mit dem die Wählscheibe hervorgebracht wurde. Bei der Einrichtung von ersten Telefonverbindungen mussten die Kunden noch ein Fernsprechamt mit seinen Angestellten bemühen, die dann Stecker in eine Wand voller Kontakte steckten, und erst seit 1889 gibt es ein Vermittlungssystem, das dem Telefonnutzer ein selbständiges Wählen an ihrem Apparat erlaubt. Der seitdem weit verbreitete Nummernschalter wurde 1913 von der Firma Siemens & Halske zum Patent angemeldet, wobei offen bleibt, wer der tatsächliche Erfinder war, dessen Gedanken und Überlegungen man gerne einmal nachvollziehen möchte, um technische Kreativität und die Art zu verstehen, wie sie Sackgassen vermeidet oder aus ihnen herausfindet.

Wie dem auch sei: Seit den genannten Tagen und bis in meine Jugend hinein in den 1950er-Jahren musste man am Telefon eine Fingerlochscheibe betätigen, um eine der Ziffern zwischen 0 und 9 zu wählen, was durch eine Drehung der Scheibe nach rechts bis zu einem Anschlag gelang. Für Ferngespräche – übrigens ein komisches Wort, als ob man am Fernsprecher auch Nahgespräche führen könnte – musste man mit einer Null beginnen, was in den frühen Tagen des Telefons meist ein Besetzzeichen nach sich zog, also Tut-Tut-Tut. Wenn man irgendwann eine Nummer wählen konnte, wurde durch das Drehen der Scheibe mechanisch eine Feder – die Rückdrehfeder – gespannt, die eine Rückwärtsbewegung einleitete, deren Geschwindigkeit durch einen Fliehkraftregler gesteuert wurde und in deren Verlauf der Telefonleitung je nach Dauer der Bewegung elektrische Impulse zugeführt wurden, was dann einer Vermittlungsstelle signalisierte, welche Ziffer gewählt worden war.

Als in den 1960er-Jahren die ersten Telefone mit Tastatur auf den Markt kamen, griffen ihre Ingenieure zunächst noch auf das eben skizzierte Impulswahlverfahren zurück, indem der Nummernschalter elektronisch nachgebildet wurde. Dieses Verfahren änderte man erst, als die Digitalisierung beim Telefon Einzug hielt und die Vermittlung im Verlauf der 1960er-Jahre auf sogenannte Mehrfrequenzwahlverfahren umgestellt wurde. Die gewählten Ziffern werden dabei als Töne mit festgelegten Frequenzen übermittelt, wobei der (feste) Druck auf eine Taste ein entsprechendes Signal auslöst. Heute braucht man nur noch mit den Fingerspitzen kurz zu tippen, was den allgemeinen Hinweis erlaubt, dass insgesamt seit den 1980er-Jahren ungeheure Umwälzungen bei der Fernsprechtechnik zu registrieren sind: Seit dieser Zeit kann schnurlos im Festnetz telefoniert werden, seitdem gibt es Anrufbeantworter, seit diesen Tagen werden den Kunden Rufnummernspeicher und die Möglichkeit einer Wahlwiederholung angeboten, lassen sich Freisprechanlagen und Babyphones nutzen, und man sollte all diese Entwicklungen als Vorgeschichte auf dem Weg zum iPhone sehen, mit dem Apple ja vor allem das Telefonieren noch einmal erfinden wollte, indem das Unternehmen und seine Ingenieure all dies in einem handlichen Kästchen vereinen. In den aufgeführten technischen Entwicklungen stecken so viele wissenschaftliche Phänomene – der Fliehkraftregler zum Beispiel oder das Konzept einer Signalfrequenz – und stecken so viele menschliche Bedürfnisse – die Unternehmen bei ihren Kunden in Form von Angeboten mit zunehmender Fülle bedienen –, dass damit genügend Schulstoff für Dutzende von Jahren verfügbar ist und nur eingesetzt und an die Kinder gebracht zu werden braucht. Es gibt so viel zum Staunen, dass man Mühe hat, das Phänomen ausfindig zu machen, mit dem bei der Befriedigung der Neugierde angefangen werden soll. Man hält ein Wunder in der Hand und sollte sich endlich persönlich darüber wundern und über die Faszination staunen, die von ihm ausgeht.

Eine Transformation aus dem 19. Jahrhundert

Zu den wichtigsten Begriffen, die zum Verständnis der grundlegenden Vorgänge bei der Übermittlung akustischer, optischer oder kombinierter akustisch-optischer Vorgänge von einer Quelle zu einem Kunden (Verbraucher) beitragen, gehört der physikalische Parameter der Frequenz, wobei sich das Wort von dem lateinischen *frequentia* ableitet, das „Häufigkeit" heißt. Wellenbewegungen weisen Frequenzen auf, die angeben, wie oft bei einem periodischen Vorgang Wiederholungen aufeinander folgen. Die Frequenz ist der Kehrwert der Periodendauer und wird zum Beispiel in der Einheit Hertz gemessen, die konsequent als Kehrwert einer Sekunde angegeben wird. Wenn man sagt, ein menschliches Herz (ohne t) schlägt etwa 60-mal pro Minute, dann hat es eine Pulsfrequenz von etwa einem Hertz, Hz abgekürzt. Diese Einheit ist nach dem Physiker Heinrich Hertz benannt, der in diesem Buch bereits aufgetaucht ist, als von dem ersten Nachweis der Übertragung elektromagnetischer Wellen von einem Sender zu einem Empfänger die Rede war, was Hertz in den 1880er-Jahren gelungen ist und im 20. Jahrhundert zum Medium des Rundfunks geführt hat.

Da Hertz sich mit elektromagnetischen Wellen befasste, deren Frequenz im Bereich von Kilohertz lag – zur Erinnerung: Sichtbares Licht kommt mit ein paar Hunderttausend Hertz daher und der Kammerton a der Musiker weist 440 Hz auf –, ordnet man ihn gern unter die Hochfrequenz-Techniker ein, zu denen auch der Italiener Gugliemo Marconi zählt, dem 1903 die erste drahtlose Übertragung eines Signals über den Atlantik gelungen ist, und unter denen man auch den Kroaten Nikola Tesla antrifft, der bereits in den 1890er-Jahren mit hochfrequenten Wechselströmen experimentierte, um die Möglichkeiten einer drahtlosen Energieübertragung auszuloten.

Die Hochfrequenztechnik und die mit ihr durchführbaren Nachrichtenübermittlungen durch die Luft oder die Atmosphäre bekommen zwar in dem erwähnten Fischer-Lexikon von 1958 mit dem Titel „Film Funk Fernsehen" ein eigenes ausführliches Kapitel, aber warum die deutsche Bezeichnung UKW – Ultrakurzwelle – im Englischen FM heißt, was „frequency modulation" (Frequenzmodulation) abkürzt und was in dem Lexikon aus dem letzten Jahrhundert sauber erklärt wird, weiß heute trotzdem nahezu niemand zu sagen, auch wenn die meisten diese Technik in ihren Rundfunkgeräten oder Handys nutzen. Der Autor dieser Zeilen sieht hierin einen weiteren Beweis für die fehlende Bildung im Land der Dichter und Denker. Ohne ein wenigstens rudimentäres Verständnis für periodische Vorgänge und ihre Frequenzen kann es nicht gelingen, die große Bedeutung einer Arbeit aus dem Jahre 1822 zu erfassen, in dem der französische Mathematiker und Physiker Jean Baptiste Fourier seine „Analytische Theorie der Wärme" vorlegt, die der schottische Physiker James Clerk Maxwell als „großartiges mathematisches Gedicht" feiert und die in der Geschichte der Neuen Medien eine fulminante Rolle spielt. Fourier interessierte sich für die Leitung und Ausbreitung von Wärme in Festkörpern und dem Transport der dazugehörigen Energie, die von heißen zu kalten Stellen fließt, was es zu untersuchen und verstehen galt.

Wenn man einem Wissenschaftler dieser Tage gegenüber den Namen „Fourier" erwähnt, wird er weniger an die alte Theorie der Wärme denken, sondern mehr an ein modernes Methodenarsenal, das man Fourier verdankt. Ein zeitgenössischer Physiker wird sofort von der „Fourier-Transformation" sprechen und erklären, dass damit ein Verfahren gemeint ist, mit dem es möglich ist, digitale Signale, die gewöhnlich in ihrem zeitlichen Verlauf gezeigt und registriert werden, in eine Darstellung zu überführen, die mit Frequenzen operiert, wobei der Gesprächspartner voraussetzt, dass sein Gegenüber darüber informiert ist, dass viele technische Operationen – elektronische Filter oder Verstärker zum Beispiel – im Frequenzraum leichter ausgeführt und analysiert werden können.

Fourier war im 19. Jahrhundert allein mit der Wärmebewegung und ihren periodischen Abläufen beschäftigt, und er konnte von ihnen zeigen, dass ihre Schübe durch Summen von Schwingungen zu erfassen sind, die im Mathematikunterricht als Sinus- und Kosinuskurven vorgeführt und vorgestellt werden und deren Namen sich aus dem arabischen Wort für Bogen ableiten. Das heißt, Sinus ist der Bogen oder Busen, und Kosinus meint *„complementi sinus"*, also das komplementäre Gegenstück, was man sich bei Schall- und Lichtwellen einfach und gut vorstellen kann (wenn die Mathematik auch ihre Tücken behält). Inzwischen konnten elegante Verfahren entwickelt werden, um auch nicht-periodische – und damit alle – Funktionen einer Fourier-Transformation unterziehen zu können, was zum einen von grundlegender Bedeutung ist und zum zweiten sich höchst praktisch auswirkt. Die grundlegende Bedeutung erschließt sich, wenn man sich klarmacht, dass Fourier geholfen hat, eine universale Beschreibung und Berechnung von dynamischen Naturerscheinungen zu ermöglichen, die mit dem atomistischen Verständnis der Materie brechen und es erlauben, physikalische Phänomene als Summe von Schwingungen zu begreifen. Damit eröffnen sich neben der Mechanik vor allem der Sinnesphysiologie neue Wege, die zum Beispiel Hermann von Helmholtz im 19. Jahrhundert nutzen konnte, um durch die Addition einfacher Schwingungen die Vokale der menschlichen Stimme und ihre unterschiedlichen Klangfarben zu erzeugen.

Die Fourier-Analyse kann sogar die Begrenzung der unmittelbaren Wahrnehmung unterlaufen und dabei ihre medientechnisch implementierte Form betrachten. Zu einem erstaunlichen Quantensprung im digitaltechnischen Einsatz der Fourier-Transformation ist es in den 1960er-Jahren gekommen, als James Cooley und John Tukey, zwei amerikanische Mathematiker und Statistiker, einen Algorithmus vorlegen konnten, mit dem Computer bei den gewünschten Berechnungen sehr viel schneller fertig wurden. Man spricht dabei vom FFT-Algorithmus, wobei die drei Buchstaben „Fast Fourier Transform" abkürzen. Es war diese FFT, die nach Einschätzung von Historikern für den zivilgesellschaftlichen Durchbruch der Digitaltechnologie verantwortlich ist, was einen von ihnen den Satz schreiben ließ:

„The Fourier transform today touches the lives of everybody. It does so in form of superior automobiles, aircraft, telecommunication systems, chain saws, washing machines and myriad other aspects of modern life."[10] (Die Fourier-Transformation berührt das Leben jedes Einzelnen. Sie wirkt sich aus bei Automobilen der gehobenen Klasse, bei der Luftfahrt, der Telekommunikation, den Kettensägen, den Waschmaschinen und einer Myriade anderer Aspekte des modernen Lebens.)

Tatsächlich kann man verfolgen, wie sich die Fourier-Transformation als roter Faden durch die gesamte Technik- und Mediengeschichte zieht, und zwar sowohl im Fall der kontinuierlichen Analogmedien als auch bei den diskreten Digitalmedien. Sie sorgt dabei sowohl für quantenhafte Ergebnisse als auch für eine unendlich feine

---

[10]Sri Welaratna, *Thirty Years of FFT Analysers*, in: S&V Observer 2006, S. 1.

Auflösung der Gleichungen, was sie zwischen den zwei Seiten der Wirklichkeit oszillieren lässt, auf die Physiker wie Werner Heisenberg in den 1920-Jahren als Ort und Bewegung von Elementarteilchen wie Elektronen gestoßen sind und die sie nur in einem Verhältnis der Unbestimmtheit antreffen konnten, was oft in Form einer Unschärferelation präsentiert wird. Es lässt sich sagen, dass abhängig davon, ob man Fouriers Gleichungssysteme nach der Seite des physikalisch echten Raumes mit der Zeit oder dem mit Fouriers Hilfe transformierten Raum auflöst, man entweder Informationen über den genauen Ort oder die Frequenz einer Wellenbewegung erhält. Mit anderen Worten: Heisenbergs berühmte und grundlegende Unbestimmtheit oder Unschärfe fällt der Wissenschaft als natürliche Konsequenz aus der Fourier-Analyse in die Hände, was sich philosophisch so ausdrücken lässt, dass sie die Sprache der Natur selbst ist. Es sollte sich lohnen, mehr von ihr zu wissen.

Speichermedien

Wer sich sorgt, dass die Maschinen morgen übernehmen, was die Menschen heute schaffen, wird seine Überlegungen vielleicht mit der Frage einleiten: „Was ist der Mensch?" Der Kirchenvater Augustinus hat in seinen Bekenntnissen eine persönliche Antwort gegeben und geschrieben: „Ich bin mein Erinnern", was zum Thema des Gedächtnisses führt, das bei den Computern noch ziemlich sachlich als Speicherplatz aufgeführt wird. Das Verhältnis von Gedächtnis und Erinnerung verdient eine sorgfältige Nuancierung, die hier nicht geleistet werden kann und zu der auch eine Betrachtung des Vergessens gehören müsste, das Menschen nicht lernen können, wie etwa der Philosoph Friedrich Nietzsche meinte. Wenn man verfolgt, wie die Literatur das Gedächtnis behandelt, wird man feststellen, dass die dabei verwendeten Metaphern anfangs eher statisch von Büchern und Bibliotheken sprachen und inzwischen die neuen Medien einsetzen und auf Tonbänder oder Filme (Videos) zurückgreifen. Einige Hirnforscher sind sogar der Ansicht, dass die Erinnerung im menschlichen Gehirn wie eine Text-Datei in einem Computer gespeichert ist, was für die einen ein Echtzeitparadies zu eröffnen scheint, während es andere vor der dazugehörigen Datenhölle schaudern macht. Der Dichter Heiner Müller hat in diesem Zusammenhang Kafkas Gespenster aufgerufen und geschrieben, dass sie nicht schlafen und ihre bevorzugte Nahrung in den Träumen der Menschen finden.

Auf jeden Fall benötigt ein Gehirn den Schlaf, um die Eindrücke des Tages zu speichern, wie Natur- und Geisteswissenschaftler übereinstimmend meinen, die sich auch darin einig sind, dass es mehrere Formen des Gedächtnisses gibt. Sie unterscheiden etwa das Kurz- vom Langzeitgedächtnis und das episodische vom semantischen, wobei das erste so etwas wie die Lebensgeschichte und das zweite das Faktenwissen liefert, mit dem man in einem Quiz gewinnen kann. Es gibt weitere Unterteilungen etwa in das prozedurale und das kulturelle Gedächtnis, mit denen man einfache Abläufe wie beim Skifahren oder komplexe Riten der Kultur erst lernen, dann verfeinern und schließlich behalten und entwickeln kann. Sie werden hier nur angestoßen, um auf die Erweiterbarkeit der menschlichen Erinnerung und des dazugehörigen Gedächtnisses zu sprechen zu kommen, die Nutzer von Computern bei ihren Geräten ganz selbstverständlich erscheint. Der Vorteil der technischen Speichermedien für die vielen digitalen Informationen gegenüber der Gedächtnisqualität eines biologischen Gehirns besteht darin, dass die Datenträger industriell gefertigte Produkte sind, über deren Funktionieren man genau Bescheid weiß oder wissen könnte. Während viele der neurologischen und biochemischen Mechanismen im Gewebe unter der Schädeldecke noch eine Fülle von Fragen aufwerfen und rätselhaft, wenn nicht gar geheimnisvoll, bleiben, kann man in den Lehrbüchern der Informatik genau erfahren, wie etwa eine fotografische, eine mechanische, eine elektronische, eine magnetische, eine optische und eine magneto-optische Speicherung funktioniert. Es würde viel zu weit führen, auf alle einzugehen. Es muss reichen, ein paar davon zu beschreiben und etwa zu erwähnen, dass eine elektronische Speicherung mit Halbleitern gelingt, was gleich noch ausgeführt wird, und dass die magnetische Speicherung mithilfe von magnetisierbaren Materialien wie Eisen gelingt. Sie werden mit einer dünnen magnetischen Schicht bestückt, auf die mithilfe eines Schreibkopfes die gewünschte Information aufgetragen wird. Solch einen Schreibkopf muss man sich als Spule denken, die ein Magnetfeld generiert, mit dem die Elementarmagneten des anvisierten Speichermediums spezifisch orientiert und auf diese Weise wörtlich informiert werden können. Das übertragene Signal ist damit in der Ausrichtung der magnetischen Dipole in dem verwendeten Speichermedium angekommen, wenn man genauer sagen will, was mit Elementarmagneten gemeint ist. In metallischen Festkörpern können die freien Elektronen mit ihren Spins diese Rolle übernehmen, wobei die jeweilige Ausrichtung von einem Lesekopf abrufbar ist, der die Magnetisierung der Probe feststellen und weiterleiten kann.

Die Technik der Magnetspeicherung beherrschten zwar die klassischen Magnetbänder, Festplatten und Disketten, sie gehören aber heute mehr oder weniger der Geschichte an. Inzwischen dominieren – vor allen Dingen in den iPhones – elektronische Speichermedien die Szene, wobei in den Handys ausschließlich sogenannte

Flash-Speichermedien zum Einsatz kommen. Wie die Experten versichern, kombiniert ein Flash-Speicher die Vorteile von Festplatten und Halbleitertechnologie, und er kommt ohne bewegliche Teile aus. Die Bezeichnung „Flash" − Blitz − ist in den 1980er-Jahren aufgekommen, als Entwickler bei dem blockweise vorgenommenen Löschen von Speichern an den Blitz aus einer Fotokamera denken mussten und von einem Flash sprachen.

Die Speicherzelle eines Flash-Speichers ähnelt in ihrem Aufbau einem Transistor, in dem eine elektrisch isolierte Halbleiterschicht wie ein Kondensator Ladungen speichern kann, die wie ein Blitz auf sie überspringen. Das alles läuft geräuschlos ab, die Zugriffszeit ist extrem kurz, die gespeicherten Daten bleiben bei unterbrochener Stromversorgung erhalten, und die erreichbare Speichergröße bleibt bei geeigneter Anordnung einzelner Speicherzellen nach oben offen, und über das, was iPhones in dieser Hinsicht heute bieten, kann man nur staunen. Der Verfasser dieser Zeilen nennt ein Exemplar des 2017 auf den Markt gebrachten Modells iPhone X sein eigen, wobei Apple eine Version mit 64 Gigabyte (GB) und eine andere mit 256 GB angeboten hat. Die Zahlen stellen Potenzen der Zahl 2 dar − $64 = 2^6$ und $256 = 2^8$ − was darauf hinweist, dass die Entwickler die Kapazität technisch jeweils verdoppeln. Da das Betriebssystem des iPhone ungefähr 6 GB benötigt, bleiben knapp 60 bzw. 250 GB für den Nutzer zur freien Verfügung. Ein Gigabyte umfasst etwa 1000 Megabytes (MB), und mit dieser Größe kommt man häufiger in Kontakt, wenn man sein iPhone nutzt. Wer etwa Bilder empfängt oder sendet, geht schon mal mit ein paar MB um, wer Videos auf YouTube schaut, benötigt je nach Länge 10−50 MB, doch wer sich mit einer Nachricht auf WhatsApp begnügt, kommt mit wenigen Kilobytes aus, also einem Tausendstel eines MB. Wer wissen will, wie viel Bytes in „Gesammelten Werken" großer Autoren versammelt sind, kann zum einen erfahren, dass 5 MB reichen, um Shakespeares Dramen und Sonette zu speichern, und sich zum zweiten wundern. Steckt nicht in diesen Texten alle Weisheit der Welt? Wozu brauchen die Menschen denn all den weiteren Speicherplatz? Reicht ihnen nicht, was ihnen ihr Gehirn anbietet?

Übrigens – während Maschinen rein digital operieren, setzt das Gehirn auch die analoge Signalverarbeitung ein, vor allem bei lokalen Operationen innerhalb der Nervenzellen selbst. Man wüsste gerne, welchen Vorteil sich das Leben damit auf der Welt verschafft. Vielleicht haben gerade die analogen Fähigkeiten des Denkorgans das ermöglicht, was man als Kreativität kennt und schätzt. Wer kann das schon wissen?

8

Das zuhandene Zeug

In dem Film „Das Wunder von Bern", der 2003 in die deutschen Kinos gekommen ist und vor allem im Jahr 1954 spielt, sieht man zu Beginn ein paar Jungen, die nervös auf einem Dachboden stehen und dort ungeduldig das Eintreffen einer Brieftaube erwarten. Sie bringt einen Zettel mit, auf dem das Ergebnis des Fußballspiels ihres Lieblingsvereins steht, das die Knaben unbedingt erfahren wollten. Der Verfasser dieser Zeilen erinnert sich persönlich an einen Tag aus den späten 1950er-Jahren, an dem seine Jugendmannschaft genau zu der Zeit ein Spiel austragen musste, als die Erste Mannschaft des Vereins um die Stadtmeisterschaft kämpfte. Auf dem Rückweg mit der Straßenbahn erspähten wir durch deren Fenster den Torwart der Ersten Mannschaft, der offenbar zu Fuß auf dem Heimweg war. Wir versuchten alles Mögliche, ihn auf uns aufmerksam zu machen oder seinem Gesichtsausdruck etwas über das Spielergebnis zu entnehmen, was aber ohne Erfolg blieb und dazu führte, dass wir trotz

© Springer-Verlag GmbH Deutschland, ein Teil von Springer Nature 2020
E. P. Fischer, *Die Welt in deiner Hand,*
https://doi.org/10.1007/978-3-662-60726-8_8

aller Mühen und Begierden warten mussten, bis wir aussteigen durften und endlich jemanden trafen, der Auskunft geben konnte. Was früher jugendliches Sehnen mit quälender Ungewissheit bedeutete, hat das iPhone locker abgeschafft, auf dem Sportergebnisse nicht nur per Berührung des Touchscreens in Echtzeit – wie man mit einem seltsamen Wort sagt – abgerufen werden können, sondern das zudem auf Wunsch eine Zusammenfassung und manchmal auch ein Video des Geschehens liefert, an dem man so interessiert war. Wenn an dieser Stelle noch eine persönliche Geschichte erlaubt ist: Ich habe einige Jahre in Kalifornien gelebt und verfolge seitdem die US-Sportmeisterschaften. Die Spiele finden dort statt, wenn in Deutschland geschlafen wird, und während man im letzten Jahrhundert mühsam verrauschte Radiosender wie AFN (American Forces Network) abhören musste, um mit viel Glück in der Nacht den Stand der sportlichen Dinge zu erfahren (und meist zu verpassen), reicht heute nach dem Aufwachen das Tippen auf eine App – ESPN in diesem Fall (Entertaining and Sports Programming Network) –, um nicht nur das Ergebnis, sondern jeden Spielzug zu erfahren, und man kann sogar zum Frühstück ein Video anklicken, das markante Szenen aus mehreren Winkeln und in Zeitlupe zeigt. Damit erfüllt das iPhone den Traum eines jeden Menschen, der etwas wissen will – nicht zuletzt Sportergebnisse –, wobei die Neugierde bekanntlich allgemein und grundsätzlich zur Natur der Menschen gehört. Als Aristoteles dieses Charakteristikum festhielt, meinte er mit „Wissen" natürlich etwas anderes als Resultate von Fußballspielen, aber nachdem von den auf hohem philosophischem Podest angesiedelten Kenntnissen in diesem Buch schon häufiger die Rede war – gemeint sind zum Beispiel die Quantenmechanik und das Funktionieren eines Transistors –, darf man sich auch einmal in die Niederungen der Straße begeben, wo Fußball gespielt wird und wo sich dieselbe Natur von Menschen zeigt, die in dem Streben nach Wissen besteht. Unter diesem Aspekt lässt sich nämlich sagen, dass das iPhone dem Menschen eine Technik in die Hand gibt, die nicht nur vollkommen seiner Natur entspricht, sondern sie sogar ins Offene erweitert, wohin alle Kreatur unterwegs ist.

Unbehagen in der Kultur

Wenn die evolutionäre Betrachtung des Menschen eine einfache Botschaft hervorgebracht hat, dann die, dass Vertreter der Art *Homo sapiens* keine Kultur vertragen, die ihrer Natur widerspricht. Zumindest empfinden sie dann ein „Unbehagen in der Kultur", die sie umgibt und bestimmt, wie ein Essay von Sigmund Freud aus den Jahren 1929/1930 überschrieben ist, in dem der Wiener Psychoanalytiker sich Gedanken über das menschliche Streben nach Glück gemacht hat und dabei unter anderem zu dem Schluss gekommen ist, dass es „nicht die einzige Bedingung des Menschenglücks" sei, „Macht über die Natur" zu gewinnen.[1] Freud denkt natürlich an Sexualität, was hier übersprungen wird, um daran zu erinnern, dass der Seelenarzt den Beginn von Kultur im Gebrauch von Werkzeugen sieht, was ihn zu dem verwegenen Satz verleitet, der Mensch sei „eine Art Prothesengott geworden" und er agiere „recht großzügig, wenn er alle seine Hilfsorgane anlegt", auch wenn sie „nicht mit ihm verwachsen" sind.[2] Noch nicht, würde man gerne fast einhundert Jahre später nach großen genetischen Fortschritten ergänzen

---

[1]Sigmund Freud, *Das Unbehagen in der Kultur*, in: *Kulturtheoretische Schriften*, Frankfurt am Main 1974, S. 219.
[2]Sigmund Freud, a. a. O., S. 222.

wollen, um zu der technischen Kultur des Handys zurück-
zukehren, die für viele Menschen mit einem Glücksgefühl
verbunden ist, gerade weil diese elegante und hand-
schmeichlerische Prothese ihnen passgenau liefert, was sie
von Natur aus wollen.

Um es erneut zu verdeutlichen – wenn man Menschen
nahelegt, für eine Kultur der Nachhaltigkeit auf Nachwuchs zu verzichten, werden sie sich diesem unnatürlichen
Vorschlag verweigern und Kinder bekommen, wie es zum
Leben gehört. Und wenn Menschen sich in ihrer Heimat-
stadt von zu vielen Fremden umgeben sehen – damit
sind Personen gemeint, bei denen man ein unbestimmtes
Gefühl bekommt und nicht sicher sein kann, wie sie
in manchen Situationen reagieren, und bei denen die
eigene Wahrnehmung nicht einfach zwischen Freunden
und Feinden unterscheiden hilft –, wird im Umkreis von
ungewohnten Gesichtern die Natur des Menschen nervös; und es gibt noch andere Beispiele, bei denen sich die
Natur und die Kultur in die Quere kommen. Selbst der
Schlaf, der in Zeiten vor der elektrischen Beleuchtung
und den Fernsehgeräten (und den iPhones) ganz natürlich
in zwei Etappen mit einer Unterbrechung um die Mitter-
nacht herum genossen wurde, muss heute in einer Licht-
kultur mit Unterhaltungsangeboten ohne Unterbrechung
absolviert werden, was in vielen Fällen zu Schlafstörungen
führt, die man mit Tabletten ausräumen möchte.[3] Menschen sind zwar nicht für das moderne Durchschlafen
gemacht, sie können aber von Natur aus – von ihrem circa-
dianen Biorhythmus her – in die Nacht hinein feiern, was
bekanntlich seit der Barockzeit gemacht wird, in der das
Wort vom Nachtleben aufgekommen ist. Selbst wenn es
das Tagleben als Wort nicht gibt, gilt es, sich dem Treiben

---

[3]Ernst Peter Fischer, *Durch die Nacht,* München 2016.

unter dem Licht der Sonne zuzuwenden, bei dem in diesem Jahrtausend immer mehr das Handy eine Rolle spielt – auf höchst unterschiedliche Weise.

Das Weltzeug

Es ist wiederholt gesagt worden, dass ein Smartphone wie ein Schweizer Taschenmesser eine Fülle von Funktionen anbietet, die den Alltag enorm unterstützen können. Der Mensch als Prothesengott hält mit dem iPhone dabei nicht irgendein Werkzeug, sondern sein „ausgelagertes Gehirn" in der Hand, wie es der Ulmer Psychologe Christian Montag in einem Zeitungsinterview ausgedrückt hat[4], was man durch den Hinweis ergänzen könnte, dass Kunsthistoriker bei Malern von deren „denkender Hand" sprechen, die zum kreativen Prozess unbewusst-motorisch beiträgt[5]. Diese denkende Hand verfügt nun über ein eigenes Gehirn, was auf diese Weise hohe Erwartungen an die Kreativität der iPhone-Generation stellt.

Wenn es erlaubt ist, vom hohen Stuhl überschäumender Betrachtungen voller genialer Wissenschaft zum bequemen Platz unter freundlichen Menschen auf der Suche nach glücklichen Stunden oder Minuten herabzusteigen, möchte man in all den vielen geschickten Händen von Smartphone-Nutzern dieselbe Schöpferlust oder Kreativität – wenn auch in kleiner, oftmals niedlicher und eher privater Form – am Werk sehen, wenn sie mit ihren Fingern dasselbe versuchen wie große Künstler, nämlich die Welt in einem Bild zu bannen und dieses Weltbild für die Mit- und

---

[4]Frankfurter Allgemeine Sonntagszeitung, Ausgabe vom 18.08.2019, S. 16.
[5]Horst Bredekamp, *Galileos 'O – Die denkende Hand – Form und Forschung um 1600,* Berlin 2014.

Nachwelt festzuhalten. Aus dem Werkzeug, das die Evolution nach Auskunft der Biologen dem aufrecht gehenden Menschen in die Hände gelegt hat und für das sich Freud erwärmen konnte, ist längst etwas Umfassenderes, nämlich ein Weltzeug, geworden, das man auch „Universalzeug" nennen könnte und mit dem Menschen auf jeden Fall ihren Tag verbringen und in Gemeinschaft Großes vorhaben, auch wenn es Gelehrten noch so klein erscheint, was von den Leuten im Alltag produziert wird.

Um zu sehen, warum das iPhone eine Kultur liefert, nach der die Natur des Menschen verlangt, braucht man bloß zu überlegen, was die Evolution den Menschen mit auf den bislang höchst erfolgreichen Überlebensweg gegeben hat. Menschen haben von Anfang an in sozialen Gruppen gelebt, weil infolge des aufrechten Gangs der Geburtskanal enger wurde und somit der Nachwuchs früher auf die Welt gebracht werden musste. Babys sind anfänglich hilflose Wesen, und es braucht eine Gemeinschaft, um sie aufzuziehen. In solch einer Sozialstruktur konnte es nur von Vorteil sein, wenn die Einzelnen ständig miteinander in Kontakt standen und sich verabredeten oder Aufgaben verteilen konnten, etwas, was ein iPhone in gegenwärtigen Zeiten perfekt ermöglicht. Man vertraute in vergangenen Zeiten am ehesten denjenigen, mit denen man Informationen auch der persönlichen Art austauschen konnte, und nirgends klappt das heute besser als mit einem Handy, das verschiedene Wege dafür bereithält. Allerdings kann es dabei auch zu Kommunikationsstörungen kommen, was in Fachkreisen als „Technoference" erörtert wird. Solch ein Ins-Gehege-Kommen in zwischenmenschlichen Beziehungen wird jeder erfahren haben und niemanden überraschen, der sich an Kafkas hellsichtige Sorge erinnert, dass die Medien Menschen nicht nur verbinden, sondern auch trennen oder isolieren können. Inzwischen wird Einsamkeit schon als Krankheit in einer modernen Gesellschaft mit weitgehend vernetzter Informationstechnik diagnostiziert, was möglicherweise am ablenkenden und zugleich isolierenden iPhone liegt, vielleicht aber allein dadurch zustande kommt, dass die Menschen im 20. Jahrhundert ihre Rolle als Subjekte aufgegeben haben und in ihrer Freizeit allgemein das geworden sind, was das Gesundheitswesen dank technischer Entwicklungen bereits im 19. Jahrhundert aus ihnen gemacht hat, nämlich Objekte. Diese Wendung erlaubt es merkwürdigerweise, ihnen einzureden, Gesundheit sei ihr Recht, das der medizinische Apparat ihnen zu liefern habe (so sieht und definiert es jedenfalls die Weltgesundheitsorganisation WHO in Genf). Heute meint das Publikum, es habe ein Recht auf Unterhaltung, und irgendein „Warenhaus fürs kleine Glück" wird schon etwas liefern. Bei Erich Kästner kann man in seinen Epigrammen lesen: „Die Freiheit, da ist keine Not, wohin man schaut, schlägt sie wer tot. Doch wie die Freizeit totzuschlagen, muss man den Leuten eigens sagen." Sie warten vor ihrem iPhone darauf und kapseln sich dabei noch mit Ohrenstöpseln von ihrer Umgebung ab, ohne den Blick auf die Menschen zu heben, die vorübergehen.

Übrigens – es hilft in diesem Fall nicht, wenn die Wissenschaft der Psychologie ihre Diagnose der Vereinsamung anbietet, denn auch sie behandelt den Menschen nicht als Subjekt eigener Entscheidungen, sondern als Objekt statistischer Untersuchungen.

Das Smartphone als Liebestöter

Seit die Medien – Funk, Film und Fernsehen – den Alltag bestimmen, unterhalten sich die Menschen weniger miteinander, und sie lassen sich stattdessen umso mehr unterhalten. Sie sind Objekte der Medienkonzerne geworden, die ihr vermeintliches Recht auf Amüsement einfordern, und sie setzen dieses Verhalten mit den Handys in der Hand fort, wie jeder feststellen kann, der Menschen beobachtet, die in einem Restaurant an einem Tisch sitzen und kaum miteinander reden, sondern mehr damit beschäftigt sind, auf ihr Handy zu starren oder mit ihm durch die Gegend zu fuchteln. Ihr Beitrag zur Unterhaltung besteht meistens darin, Bilder von Katzen oder Kindern zu zeigen, die ihr Smartphone gespeichert hat. Wenn ein Paar an einem Tisch sitzt, kann man immer wieder bemerken, wie einer davon sofort das Handy zückt, wenn der andere einmal auf der Toilette verschwindet – wobei überraschen würde, wenn sein Gang mit seiner privaten Sphäre für die Erfüllung ähnlich informativer Bedürfnisse ungenutzt bliebe.

Das „Smartphone als Liebestöter" hat jetzt eine Stiftung für Zukunftsfragen ausgemacht und deshalb das empfohlen, was ihre Mitarbeiter „digitales Detoxing" nennen.[6] Inzwischen gibt es erste Gruppen junger Menschen, die haben „die Nase voll von der digitalen Welt und ihren Auswüchsen", weshalb sie wie zum Beispiel Lea Reich und Sara Wess ihr eigenes Print-Magazin herausbringen. „Da kann man sich mal in Ruhe hinsetzen, lesen – ohne andere Einflüsse", wie die beiden der Rhein-Neckar-Zeitung erzählt haben und ihre erstaunliche Initiative begründen, die jeder Buchautor nur wärmstens begrüßen und beglückt fördern kann.[7]

Ein schöner Traum, der zunächst noch auf eine aktuelle Wirklichkeit trifft, in der Menschen morgens erst einmal online gehen, „um ihre Mails zu checken", und in der

---

[6]*Rhein-Neckar-Zeitung,* Ausgabe vom 13.09.2019, *Der Genuss bleibt auf der Strecke,* Bericht von Christiane Bosch.

[7]*Rhein-Neckar-Zeitung,* Ausgabe vom 14./15.09.2019. S. 33, Interview vom Götz Münstermann.

sie im Laufe des Tages viele Stunden am iPhone hängen, wobei immer wieder zu hören ist, dass sich sowohl Jugendliche als aus Erwachsene jeden Alters deshalb so verhalten, weil sie Angst haben, etwas zu versäumen. „*The fear of missing out*", wie es auf Englisch heißt, und was rücksichtslos praktiziert wird, obwohl Studien mit 12.000 Teenagern in Großbritannien, die über acht Jahre gelaufen sind, keinen Einfluss der Handynutzung auf die Lebenszufriedenheit erkennen lassen, was man vielleicht erst noch lernen muss.[8] Inzwischen macht sich bei einigen hartnäckigen Handyfans wenigstens ein schlechtes Gewissen bemerkbar, wird doch immer deutlicher und lässt sich in den Nachrichten nicht mehr überhören, dass der Energiebedarf digitaler Technologien – nicht nur des iPhones – enorm hoch liegt und für vier Prozent der weltweiten Emissionen mit ihrem atmosphärischen Einfluss verantwortlich ist (was vor allem an den Servern, den Dienstleistungsrechnern, liegt, die man zwar nicht sieht, die aber riesige Ausmaße angenommen haben und Kraftstoff brauchen, weshalb sie nach Diesel stinken und mit ihnen das gesamte Internet). Das iPhone und seine Konsorten tragen bald mehr zum unerwünschten Klimawandel und den schädlichen Treibhausgasen bei als die unnötigen und überflüssigen SUVs und der private Luftverkehr, wobei es niemanden trösten wird, wenn er erfährt, dass die schlimmsten Klimakiller beim Militär zu finden sind, ohne dass dies in öffentlichen Debatten erwähnenswert gefunden wird, was die ganze politische Aufgeregtheit um die Erderwärmung nicht unbedingt vertrauenswürdig macht und das Gerede

---

[8] *Science*, Ausgabe vom 21. Juni 2019, Band 364, S. 1148.

der Verantwortlichen eher heuchlerisch oder opportun erscheinen lässt.[9]

Übrigens – was Killer angeht, so machen Handys amerikanische Städte sicherer, da Kriminelle im Drogenmilieu heute eher ihr Smartphone als einen Revolver zücken, was damit zu tun hat, dass die mobilen Geräte die Grenzen der alten fest verteidigten Reviere öffneten oder wenigstens lockerten und die dazugehörigen Revierkämpfe mit ihrer Gewalt an Bedeutung verloren haben.[10]

Die Weltbilder

So schön diese Nachricht klingt, die eigentliche Faszination des iPhones machen die Bilder aus, die es in den herrlichsten Farben liefert, in unvorstellbaren Mengen speichern kann und jederzeit verfügbar macht, wobei allgemein zu sagen ist, dass die Digitalisierung längst ihre eigene Bildkultur hervorgebracht hat, was das Augenwesen Mensch sehr zu schätzen weiß. Zu dieser Kultur gehört unter anderem das wohl archaische Verlangen von Menschen, sich selbst zum Bild – und nicht nur ein Bild von sich selbst – zu machen. Man spricht heute bekanntermaßen von Selfies, die erst durch die Smartphone-Technik möglich geworden sind, was deren ungeheuren Boom aber nicht erklärt.[11] Man kann in Übereinstimmung mit Psychologen in der Selfie-Sucht die Symptome eines narzisstischen Zeitalters erkennen oder mit dem Philosophen Helmuth Plessner meinen, dass sich menschliches Leben grundsätzlich als

[9]Thomas Steinfeld, *Flugscham für Kampfflieger?*, Süddeutsche Zeitung, Ausgabe vom 22.08.2019, S. 9.
[10]Süddeutsche Zeitung, Ausgabe vom 17.08.2019, *Simsen statt schießen*, auf der Titelseite.
[11]Wolfgang Ullrich, *Selfies*, Berlin 2019.

„Verkörperung einer Rolle nach einem mehr oder weniger feststehenden *Bildentwurf*"[12] verstehen lässt, der dann praktisch und konkret im Selfie unternommen wird. Was in diesen Selbstbildnissen auf jeden Fall deutlich zum Ausdruck kommt, ist das Vergnügen der Menschen, mit Bildern zu kommunizieren, was eine globale und kulturübergreifende Art des Informationsaustausches mit sich bringt, die nichts mehr von einer babylonischen Sprachverwirrung kennt und allgemeinverständlich ist. Bei den Selfies hat sich eine Mimik durchgesetzt und haben sich Gesten eingebürgert – mit dem Auge zwinkern, wie ein Clown grinsen oder die Zunge herausstrecken –, die nicht nur in Europa und den USA, sondern in der arabischen, asiatischen und afrikanischen Welt gleichermaßen aufgetaucht sind, was erneut Kafkas Gegensätzlichkeit hervorbringt. Denn „geben Selfies einerseits alten Träumen einer grenzüberschreitenden Kommunikation neuen Auftrieb, so normieren sie andererseits Mimik und Gestik immer weiter".[13]

In der Digitalkultur wird zwar viel und gerne zum Mittel der SMS gegriffen, um zu kommunizieren, doch die Bildnachrichten dominieren, und die vielen Fotos mit der kurzen Halbwertszeit der in ihnen enthaltenen Nachrichten lassen unter Medientheoretikern aber die Idee einer mündlichen Bildkultur aufkommen, deren Aufkommen befördert wurde, weil sich Menschen in ihrer Geschichte schon immer auf diese Weise wahrgenommen haben, denn „unsere Gesichter erwachen sofort zu Bildern, wenn wir blicken und sprechen", wie Hans Belting in seiner „Geschichte des Gesichts" allgemein bemerkt.[14] Bilder sind darüber hinaus Instrumente der Erkenntnis geworden, wie

---

[12]Zitiert bei Wolfgang Ullrich, a. a. O., S. 17.
[13]Wolfgang Ullrich, a. a. O., S. 43.
[14]Hans Belting, *Faces – Eine Geschichte des Gesichts,* München 2013, S. 26.

jeder merkt, wenn er etwa gefragt wird, was er von Shakespeare oder Sport weiß und dann zunächst sich ein Bild im Kopf macht, oder wie zum Beispiel ausführlich in einem Buch beschrieben wird, dessen Herausgeber meinen, dass Menschen „Mit dem Auge denken".[15] Allerdings wird vielfach beklagt, dass die von einem Smartphone gelieferten Bilder oft mehr Interesse wecken als das, was man selbst sieht, wobei an dieser Stelle die Anekdote eingeflochten werden kann, die von einem Mann erzählt, der eine Mutter mit ihrem Kind trifft, und als er ihr sagt, wie sehr ihm das kleine Geschöpf gefällt, von der Mutter als Reaktion zu hören bekommt: „Sie sollten sich einmal das Bild meiner Tochter anschauen."

Es scheint, dass in diesen Tagen der immer neuen iPhone-Modelle und ihrer Konkurrenten die medialen Bilder die Herrschaft übernommen haben und man den strahlenden und bunten Fotos auf dem Display mehr Aufmerksamkeit schenkt als dem, was die Welt den Augen direkt zukommen lässt. Es wäre an der Zeit, wieder genauer über Weltbilder nachzudenken, die ja nicht nur mithilfe des ersten (äußeren) Augenpaares im Kopf, sondern auch und vor allem dank des zweiten (inneren) Augenpaares in der Seele entworfen werden, wie zum ersten Mal in der Epoche der Romantik verstanden und ausgesprochen worden ist.[16] Diese Aufgabe kann in diesem Buch und an dieser Stelle nicht mehr unternommen werden. Hier soll es abschließend darum gehen, Vorschläge für den Gebrauch von Handys an Schulen vorzulegen. Nach Überzeugung des Autors wird ein Verbot für Smartphones, wie es häufig diskutiert und erwogen wird,

---

[15]Bettina Heintz und Jörg Huber (Hrsg.), *Mit dem Auge denken – Strategien zur Sichtbarmachung in wissenschaftlichen und virtuellen Welten,* Zürich 2001.
[16]Ernst Peter Fischer, *Hinter dem Horizont – Eine Geschichte der Weltbilder,* Berlin 2018.

nur zu Ungehorsam, Wut und Ärger führen – wie es ja auch in der Katholischen Kirche passiert, in der Sexualität mehr oder weniger verboten ist, was nichts als Ungehorsam, Wut, Ärger und sogar noch Schlimmeres zur Folge hat, wie man den täglichen Schreckensmeldungen über Kindesmissbrauch aus den Medien entnehmen kann. Sexualität und das entsprechende Verlangen gehören zur Natur des Menschen, und das Handy als ausgelagertes Gehirn in einer Hand hat sich selbst längst als etwas Natürliches etabliert, mit dem Jugendliche – die *digital natives* besonders – so selbstverständlich umgehen wie mit Büchern und Bällen, um nur zwei Beispiele zu nennen. Mit anderen Worten, Handys gehören in die Schule, und zwar allein schon deshalb, weil man mit ihrer Hilfe und von ihrer den Menschen gefallenden Vielseitigkeit ausgehend das Staunen und Wundern lernen kann, das Menschen kreativ und mit diesem Tun glücklich macht. Handys sind das zuhandene Zeug, das Weltzeug, wenn erneut der Begriff von Matin Heidegger eingesetzt werden darf, der bekanntlich sein „Zeug" dadurch definiert hat, was Menschen in ihrer Hand halten – es zuhanden haben –, um damit etwas zu tun. Zeug ist etwas für ein „um zu", und das könnte für die Schule so aussehen, wie nachfolgend beschrieben.

Um zu

Benutzt das iPhone im Unterricht, um zu verstehen, wie wissenschaftlich-technische Entwicklungen zur Gegenwart geführt haben und sie prägen! Setzt das Handy ein, um zu erkunden, aus welchen Motiven Menschen dabei agieren und welche Interessen sie verfolgt haben, um zu erfassen, welche Bedürfnisse – neben Essen, Trinken, Schlafen, Vermehren – noch zum humanen Dasein gehören und was in der Entwicklungsgeschichte passiert ist und was die Evolution machen musste, um Menschen mit Bildern zu versorgen, um ihnen gefährliche Überraschungen zu ersparen, um in der Nacht seinen Weg nicht zu verfehlen, um einen Blick in das Kommende zu werfen und um die Aufmerksamkeit so zu steuern, dass Feinde als solche erkannt und rasch bemerkt wurden! Nutzt das Wunder in eurer Hand, um zu lernen, wie scheinbar unnützes Wissen aus der Grundlagenforschung zu ganzen Industrien mit ökonomischen und politischen Folgen führen kann, um zu lernen, was einen Menschen wahrhaft und wirklich glücklich macht, und um zuletzt dabei zu euch selbst zu finden und mit dem zufrieden zu sein, was euch da erwartet! Wer nur mit den beiden Fensterlein im Gesicht auf sein bunt flimmerndes iPhone starrt, sieht weder sich noch die Welt und damit fast nichts außer dem Display. Benutzt eure zweiten Augen! Benutzt das Weltwunder als Weltzeug, um zu euch selbst zu finden und zu sehen, wer ihr seid! Aber nicht auf einem Selfie, sondern in eurer kreativen Fantasie. Sie ist unbegrenzt und offen.

9

Schlusswort

Zu den sich wiederholenden Themen in diesem Buch und den Realitäten des Lebens gehört die Gleichzeitigkeit des Gegensätzlichen: Medien verbinden Menschen und trennen sie, Handys machen es Menschen leichter (in Kontakt zu bleiben) und schwerer (sich allein zurechtzufinden), und Selfies versuchen etwas Individuelles (den persönlichen Gesichtsausdruck) und schaffen etwas Normiertes (die standardisierte Mimik), um ein paar Beispiele zu nennen. Eine Welt, in der jeder und jede mit einem Handy unterwegs ist und mit den Nutzern ein neuer Mensch in der Geschichte auf dem Plan erscheint, scheint auf den ersten Blick nur Geschäftigkeit und keine Langeweile zu kennen. Überall Kontakte, überall Netz (bald auf jeden Fall), überall Unterhaltung, überall Gedöns und mehr. Und doch und doch und doch: Es scheint, als ob weniger die Einsamkeit und mehr die Langeweile zunimmt, und das hat Folgen, denn so der französische Philosoph Blaise Pascal:

© Springer-Verlag GmbH Deutschland, ein Teil von Springer Nature 2020
E. P. Fischer, *Die Welt in deiner Hand,*
https://doi.org/10.1007/978-3-662-60726-8_9

„Nichts ist so unerträglich für den Menschen, als sich in einer vollkommenen Ruhe zu befinden, ohne Leidenschaft, ohne Geschäfte, ohne Zerstreuung, ohne Beschäftigung. Er wird dann sein Nichts fühlen, seine Preisgegebenheit, seine Unzulänglichkeit, seine Abhängigkeit, seine Ohnmacht, seine Leere." Man kann das iPhone nutzen, um Letztere zu füllen.

Stichwortverzeichnis

© Springer-Verlag GmbH Deutschland, ein Teil von Springer Nature 2020
E. P. Fischer, *Die Welt in deiner Hand*,
https://doi.org/10.1007/978-3-662-60726-8

Ihr kostenloses eBook

Vielen Dank für den Kauf dieses Buches. Sie haben die Möglichkeit, das eBook zu diesem Titel kostenlos zu nutzen. Das eBook können Sie dauerhaft in Ihrem persönlichen, digitalen Bücherregal auf **springer.com** speichern, oder es auf Ihren PC/Tablet/eReader herunterladen.

1. Gehen Sie auf **www.springer.com** und loggen Sie sich ein. Falls Sie noch kein Kundenkonto haben, registrieren Sie sich bitte auf der Webseite.
2. Geben Sie die eISBN (siehe unten) in das Suchfeld ein und klicken Sie auf den angezeigten Titel. Legen Sie im nächsten Schritt das eBook über **eBook kaufen** in Ihren Warenkorb. Klicken Sie auf **Warenkorb und zur Kasse gehen.**
3. Geben Sie in das Feld **Coupon/Token** Ihren persönlichen Coupon ein, den Sie unten auf dieser Seite finden. Der Coupon wird vom System erkannt und der Preis auf 0,00 Euro reduziert.
4. Klicken Sie auf **Weiter zur Anmeldung.** Geben Sie Ihre Adressdaten ein und klicken Sie auf **Details speichern und fortfahren.**
5. Klicken Sie nun auf **kostenfrei bestellen.**
6. Sie können das eBook nun auf der Bestätigungsseite herunterladen und auf einem Gerät Ihrer Wahl lesen. Das eBook bleibt dauerhaft in Ihrem digitalen Bücherregal gespeichert. Zudem können Sie das eBook zu jedem späteren Zeitpunkt über Ihr Bücherregal herunterladen. Das Bücherregal erreichen Sie, wenn Sie im oberen Teil der Webseite auf Ihren Namen klicken und dort **Mein Bücherregal** auswählen.

EBOOK INSIDE

eISBN
Ihr persönlicher Coupon

978-3-662-60726-8
netZzw9rqkXHs3qe

Sollte der Coupon fehlen oder nicht funktionieren, senden Sie uns bitte eine E-Mail mit dem Betreff: **eBook inside** an **customerservice@springer.com.**

Printed by Printforce, the Netherlands